KB134612

놈 촘스키

박홍규 지음

놈
촘스키

인물과
사상사

현대 아나키즘과
반제국주의의
기원을 찾아서

왜
지금
촘스키인가?

———

2019년 2월 말, 하노이 북미정상회담이 아무런 성과 없이 끝났을 때 나는 그런 결과는 미국의 횡포 탓이라고 생각했다. 최소한 종전 선언을 하거나 평화협정을 체결하고 금강산 관광과 개성 공단은 재개되며 평양에 미국의 연락사무소를 설치해 양국이 국교 재개에 나설 것으로 예상했기 때문이다.

아마도 미국의 놈 촘스키Noam Chomsky를 비롯한 사람들도 마찬가지였을 것이다. 2018년 연말에 촘스키는 다른 지식인들과 함께 대북 제재와 미국인 방북 금지를 해제하고 종전 선언을 하거나 평화협정을 체결하라고 주장했기 때문이다. 촘스키는 오래전부터, 즉 북한의 핵 개발이 시작된 1980년대부터 그런 주장을 했다. 미국이 북한을 침략하지 않겠다고 약속하면 핵 개발을 하지 않겠다는 북한의 발언은 지극히 상식적인 것이라고 지금까지 변함없이 주장해왔다. 미국 정부만 아니라 미국의 주장에 부화뇌동하는 한국을 비롯한 세계의 언론계와 학계, 심지어 일반 여론까지 비판해왔다.

오해하지 말기 바란다. 나는 물론이거니와 촘스키도 북한을 찬양하지 않는다. 블라디미르 레닌Vladimir Lenin, 1870~1924과 레온 트로츠키Leon Trotskii, 1879~1940를 사회주의를 파멸로 몰아넣은 최악의 적이라고 말한 촘스키가 김일성 3대 세습 정권을 인정할 리 없고 나도 그렇다. 김일성에 대한 어떤 신비화도 용납할 수 없다. 김일성이나 김정일을 위대한 사상가 따위로 찬양하는 괴상한 작태도 인정할 수 없다.

그뿐만 아니라 북한의 심각한 독재와 인권 침해, 극심한 경제난, 거대한 사회적·문화적 장벽 등 북한이 안고 있는 많은 문제에 대해서 누구보다도 잘 알고 있다. 그럼에도 나나 촘스키는 북한을 무조건 고립시켜 압박하는 것이 능사가 아니고, 그 반대로 북한을 동아시아 질서, 나아가 세계 질서에 포함시켜야 그 모든 문제가 해결될 수 있다고 생각한다. 그러나 미국과 일본을 중심으로 한 외세와 한국의 보수 세력은 그것을 완강하게 거부해왔고, 북한을 항상 고립시켜 통제하고자 했다.

이른바 메이지유신 이후 한반도 침략을 노려온 일본은 1910년부터 한반도를 냉혹하게 지배했다. 1945년에 일본이 물러난 한반도를 미국이 다시 냉혹하게 점령해 한반도 사람들이 바란 통일을 거부했다. 그리고 미국은 1950년 6·25전쟁에서 북한을 전멸시켰다. 당시 연합군 사령관이었던 더글러스 맥아더Douglas MacArthur, 1880~1964는 일본에서 사용한 핵무기를 북한에도 퍼부을 각오를 했다. 다행인지 불행인지 핵무기의 사용 없이 전쟁은 1953년에 중단되었지만, 그 뒤에도 북한에는 미국의 핵무기가 절대적인 위협이었다. 따라서 자신의 안보를 위해서는 핵무기 개발이 절대적으로 절실했다.

그런데도 미국은 왜 자신은 핵무기를 가져도 좋지만, 북한은 핵무기를 가지면 안 된다고 하는가? 북한은 '악의 축'이라고 비난하는 미국은 '선의 축'인가? 누가 그렇게 선악을 정하는가? 미국은 신인가? 북한은 악마이고 미국은 천사인가? 북한은 교회가 없어 지옥이고 미국은 교회가 많아 천국인가? 북한이 하면 부당한 테러이고 미국이 하면 정당한 전쟁인가? 북한이 하면 무조건 불의고 미국이 하면 무조건 정의인가? 이런 '내로남불(내가 하면 로맨스, 남이 하면 불륜)'이 또 어디에 있는가?

어떻게 이런 말이 가능해지는가? 이유는 단 하나다. 미국이 세고 북한은 약하기 때문이다. 미국은 크고 북한은 작기 때문이다. 미국이 북한의 핵무기를 없애야 한다고 주장하려면 자국의 핵무기도 없애야 하는 것이 아닌가? 핵무기가 인류에게 절멸의 위험을 주는 극악한 무기라면 북한 것만이 아니라 미국 것도, 중국 것도, 이스라엘 것도, 인도 것도 모두 없애야 하는 것이 아닌가?

미국은 북한의 핵무기가 미국을 공격할 수 있다고 우려한다. 그러나 미국은 이미 수십 년 전부터 북한을 공격할 수 있었고, 지금도 마음만 먹으면 언제든지 공격할 수 있지 않은가? 그럼에도 북한은 그런 위협에 맞서서 핵 개발을 하면 안 된다는 이유가 무엇인가? 자국의 방어를 위해서는 당연한 조치가 아닌가? 게다가 미국은 이미 핵무기를 터뜨리지 않았던가? 어디 그뿐인가? 지난 500여 년간 전 세계에서 얼마나 많은 테러를 자행했던가? 미국만 보아도 얼마나 많은 원주민을 몰살했던가? 게다가 북미정상회담이 열린 베트남이야말로 미국이 수백만 명의 양민을 학살한 곳이 아닌가? 미국이야말로 '악의 축'이고 악마이고 지옥이고 불의가 아닌가?

촘스키의 생각을 제대로 알았던 것인지 몰랐던 것

인지 대한민국 국방부는 2008년 이후 개정된 국방부 불온서적 리스트에 촘스키의 『미국이 진정으로 원하는 것은』과 『507년 정복은 계속된다』 등 2권을 포함시켰다. 사유는 북한 찬양, 반정부, 반미 등이었다. 이에 대해 촘스키는 자유를 두려워하고 사상과 표현을 통제하려는 자들은 언제 어디에나 있기 마련이라고 했다.

이어 촘스키는 대한민국 국방부가 그 대열에 합류한 것은 불행한 일이라면서 국방부를 '자유와 민주주의에 반대하는 국방부Ministry of Defense against Freedom and Democracy'로 개명해야 할 것 같다고 비판했다. 또 자신의 책들은 미하일 고르바초프Mikhail Gorbachyo 이전 소련에서도 금지된 바 있으니 처음이 아니라고 밝혔다.

2008년이니 이명박 정권 때였다. 촘스키가 나라 이름을 '자유와 민주주의에 반대하는 대한민국'으로 부르지 않아 다행이라고 해야 할까? 촘스키의 책은 1966년부터 한국에 나왔으니 42년 만에 '불온서적'이 된 것이다. 꼭 그 때문만은 아니었겠지만 그 뒤 촘스키의 책은 더욱 많이 나왔고 더욱 많이 팔렸다. 국방부는 그런 추세에 적극 기여한 것인데 그럴 것이라는 것을 알고 '불온서적'으로 지정한 것인지, 모르고 한 것인지 알 수 없지만, 어느 쪽이든 바보 같은 짓을 한 것임이 틀림없다. 게다가 한국이 구소련과 같은 나라 취급을 받는 데 앞장섰다니 기가 찰 뿐이다.

그 뒤 10년이 지난 2018년에 이 책의 집필을 의뢰받았을 때 내가 주저한 것은 물론 국방부의 그런 부끄러운 짓거리 때문이 아니었다. 내가 망설인 이유는 무엇보다도 촘스키에 대한 책이 우리나라에 '너무 많이' 나와 있고, 이 책과 같은 해설서 성격의 책도 마찬가지로 '너무 많이' 있다고 생각했기 때문이다. 심지어 『하룻밤의 지식여행: 촘스키』(2001)나 『촘스키와 세계화』(2002)나 『30분에 읽는 촘스키』(2004)도 나왔다. 『한 권으로 읽는 촘스키』(2012), 『만만한 노엄 촘스키』(2017) 같은 종류의 책도 번역되었다.

그런 촘스키 책들의 숲에 다시 내가 그 비슷한 책을 쓰는 것은 무의미할 것 같아서 처음에는 거절했다.

그 뒤에 생각을 고쳐먹고 이렇게 쓰게 된 것은 그런 해설서들이 촘스키의 언어학에 중점을 둔 것과 달리, 또 2000년 전후에 나온 기존 해설서와 달리, 촘스키의 아나키즘 예찬과 제국주의 비판에 중점을 두고 2019년까지의 촘스키를 기록해보고자 하기 위해서다.

촘스키가 '현대 언어학의 아버지'라고 불릴 정도로 유명한 언어학자임은 두말할 필요가 없다. 우리에게 언어학은 그다지 대중적이지 않지만(한국에서는 서울대학교를 비롯해 5개 대학에만 있는 희귀 학과로, 가령 연세대학교 같은 유명 대학교에도 없다), 언어학이 우리보다 오래전에 시작되었고 더욱더 발전된 서양에서도 언어학을 이상한 학문이라고 생각하는 사람이 많다.

그러나 언어의 중요성만큼 그것을 학문적으로 연구하는 언어학은 오래된 학문 중 하나로, 그것을 집대성한 촘스키는 카를 마르크스Karl Marx, 1818~1883나 지그문트 프로이트Sigmund Freud, 1856~1939, 찰스 다윈 Charles Darwin, 1809~1882에 비견될 정도로 위대한 학자다(촘스키는 마르크스는 높이 평가하지만 프로이트의 정신

분석학은 과학적 토대가 없다는 식으로 부정적이지만). 따라서 촘스키에 대한 책이라면 당연히 이 점에 초점을 맞추어야 한다. 촘스키에 대한 책이 대부분 그런 것은 당연한 일이다.

그러나 언어학에 비해 촘스키의 아나키즘이나 제국주의 비판이 오해되거나 충분히 이해되어 있지 않다고 느꼈기 때문에 이 책은 다른 책들과 달리 촘스키의 또 다른 측면인 아나키즘 예찬과 제국주의 비판에 초점을 맞추었다. 이는 부분적으로 그동안의 촘스키 소개에 문제가 있었기 때문이기도 하다. 아나키즘은 주로 19세기에 시작되었지만 그 사상적 기원은 훨씬 앞의 시대까지 거슬러 올라간다. 가령 고대 중국의 노자나 장자까지 거슬러 올라가기도 한다. 아나키즘은 다양하지만 나는 촘스키의 아나키즘을 현대 아나키즘의 전형으로 보기에 그것을 하나의 기원으로 삼는다.

촘스키의 정치 활동은 제국주의에 가장 근본적으로 반대하는 것이므로 반제국주의의 기원으로 보고자 한다. 촘스키는 수많은 국제 문제를 다루어왔지만 원고지 300매로 제한된 이 책에서는 그 모두를 언급하지는 않고, 그가 국제 문제를 바라보는 기본적인 시각만을 부각하도록 하겠다. 즉, 촘스키 책의 대부분을 이루는 복잡한 국제정치 문제를 일일이 상세하게 다루지는 않고 기본적인 논점만 설명하되, 관련되는 문헌을 밝혀 더 상세한 사실을 알고 싶어 하는 독자들이 스스로 찾아보도록 했다.

그래서 이 책의 부제를 '현대 아나키즘과 반제국주의의 기원을 찾아서'로 붙였다. 이 책에서는 촘스키의 삶과 생각, 촘스키의 현대 아나키즘, 촘스키의 제국주의 비판을 다루었다. 본문에서 문장을 인용할 경우 원저이면 그 원저 서명, 번역서면 번역서 서명을 표기하고 쪽수를 밝혔는데 인용 근거는 이 책 끝부분 저술 목록에 밝혔다.

이 책은 대학교 1학년 정도를 기본적인 독자로 상정했기에 가능한 한 상세하게 설명했다. 특히 촘스키의 책을 전혀 읽어보지 않은 사람들을 예상 독자로 상정하고 그들이 촘스키의 책을 직접 읽도록 유도하는 안내 길잡이의 역할을 하고자 했다. 반면 촘스키의 저술에 익숙한 사람들에게는 불필요하다고 생각될 부분이 있을지도 모른다.

특히 촘스키의 독자들은 호오好惡가 분명한 경우가 많아서 이 책과 같이 기본적으로 촘스키에게 동의하면서도 문제점도 있다고 비판하는 태도에 대해 양비론이라고 시비할 수도 있다. 나는 두 가지의 상반된 태도를 비판하는 양비론이나 중립적 태도라는 회색에 대해 항상 역겨워하지만, 특히 한국 언론이나 지식인의 그런 태도를 역겨워하지만, 하나의 사상이나 인물에 대해 객관적이거나 합리적이거나 과학적인 분석은 충분히 가치가 있다고 생각한다. 요컨대 촘스키는 그 누구보다도 옳지만, 그 역시 인간이기 때문에 결코 완벽하지는 않다. 이 점은 촘스키도 인정하리라고 생각한다.

차례

금욕주의자와
아나키스트

1967년 10월 21일, 미국 국방부가 있는 펜타곤 외곽을 행진하던 시위대를 향해 헌병대는 최루가스를 살포했다. 그런 폭압에 분노한 촘스키를 포함한 많은 사람이 반전 시위에 참여했다. 그와 함께 구치소에서 하룻밤을 보낸 소설가 노먼 메일러Norman Mailer는 훗날 쓴 소설 『밤의 군대들』에서 촘스키에서 대해 금욕주의자처럼 가냘픈 얼굴과 날카로운 이목구비를 가졌지만 온화하면서도 도덕적인 분위기를 풍기는 인물이라고

묘사했다. 또 월요일 강의를 휴강할 수밖에 없게 되었다는 생각에 불안해할 만큼 헌신적인 인물이라고 평했다.

그런 촘스키의 이미지는 그 이후로도 전혀 변하지 않았다. 내가 1989년 MIT와 하버드대학 강연에서 본 그의 모습도 그러했다. 펜타곤 시위에서 52년이 지난 2019년 오늘의 촘스키도 마찬가지다. 머리카락만 희어졌지 변한 것은 아무것도 없다. 특히 가냘픈 얼굴은 물론 몸도 여전하다. 살이 더 찌지도 않았다. 반세기 전의 젊음 그대로다. 반세기 전의 지조 그대로다. 반세기 전의 정신 그대로다. 이렇게 평생을 그야말로 한결같이 살아가는 사람을 나는 거의 본 적이 없다. 우리 주변에는 너무 자주 변하는 자가 얼마나 많은가!

대학 수업만이 아니라 모든 일에 헌신적인 것도 옛날 그대로다. 52년 전의 그날 말고 또 휴강을 했는지 나는 모른다. 아마 그런 일이 있었어도 그날처럼 도저히 피치 못할 사정이 있었을 것이다. 그는 지난 반세기 동안 미국만이 아니라 전 세계의 분쟁 지역을 뛰어

다니면서 연설을 하고 시위에 앞장섰지만 수업이라는 교수 본연의 의무에 소홀한 적이 없다.

게다가 연구 업적은 가히 세계 최고급이고 그의 논저를 인용하는 지수도 세계 최고다. 가정에도 소홀한 적이 없다. 사회 참여를 한답시고 수업이나 연구 또는 가정을 소홀히 하는 얼치기 정치교수와는 다른 사람이다. 우리 주변에 흔해 빠진, 대학 총장이나 장관 자리를 탐내는 폴리페서와는 차원이 다르다. 이처럼 기본에 충실한 것은 그의 삶뿐만이 아니라 생각, 즉 사상에서도 마찬가지다. 그는 불필요하게 난해하거나 빙빙 돌아가거나 기기묘묘한 말장난으로 독자를 어지럽게 해서 명성을 쌓는 글쟁이를 좋아하지 않는다.

1967년 펜타곤 시위 당시 촘스키는 39세였다. 그전에 그는 정말 조용한 학자였고 시위는 그때가 거의 처음이었다. 앞서 메일러는 그를 금욕주의자로 보았으나 나는 아나키스트로 본다. 그는 철든 10대 초부터 그렇게 살았다. 10세 전후면 초등학교 3~4학년 정도인데 무슨 아나키스트냐고 묻는 독자가 있을지 모르

촘스키는 90세가 넘었지만 여전히 왕성하게 활동하고 있다. 2017년 4월 13일 매사추세츠주 앰허스트에서 인류의 생존 전망에 대해 연설하고 있는 촘스키.

지만 촘스키는 정말 그랬다.

촘스키는 10세이던 1938년, 스페인 시민전쟁이 파시스트의 승리로 기울자 유럽 전역으로 확산될 파시즘의 공포에 대한 글을 써서 학교 신문에 기고했다. 그가 최초로 쓴 아나키즘 글이었다. 그러나 그것이 전부였다. 반장 선거부터 시작해 학생 정치판에 뛰어들거나 웅변을 배워 길거리 정치판을 기웃거리는 정치꾼으로 나서지 않았다. 그리고 91세인 지금까지, 81년을 그런 아나키스트로 살며 글을 쓰고 행동에 나섰다. 농담 같지만 그 자신은 2세 때부터 그랬다고 한다(그냥 웃고 넘어가도 좋다).

2002년에 촘스키의 강연 여행을 따라다녔던 존 준커먼John Junkerman이 『권력과 테러』머리말에 쓴 촘스키의 근황을 읽어보자.

"이 기간 촘스키를 따라다니면서 처음에는 그의 겸손함과 관대함에 꽤 놀랐다. 그는 자기 자신이 사회적 변화의 도구가 아니라 촉매에 불과하다고 생각하는 것 같았다. 자기는 청중에게 연구 결과로 얻어진 정보와 분석을 제공할 뿐 선택은 개개인에게 달려 있다는 것, 도덕적 원칙에 따라 행동하고 권력자들도 그 원칙을 따르도록 강요하는 것은 개개인의 몫임을 되풀이해서 강조했다. 촘스키에게 두 번째로 받은 충격은 낙관주의 때문이었다. 미국의 권력 남용에 대한, 분개할 수밖에 없는 분석을 내놓으면서도 그는 낙관적인 시각과 희망 가득한 전망을 덧붙이기를 잊지 않았다. 그는 강연할 때마다 지난 수십 년 동안 대중의 실천이 얼마나 많은 성과를 가져왔는지를 개괄하고 사회적 변화는 우리 힘으로 이루어낼 수 있을 것이라는 말로 마무리했다."(8쪽)

촘스키가 조수 2명의 도움을 받기는 하지만, 매일 평균 200여 통씩의 이메일에 대한 답장을 일일이 다 보내는 점도 존경할 만하다. 강연에서도 그는 아무리 시시한 질문이라고 해도 가끔은 10분이 넘도록 진지하게 답하고, 정해진 시간이 지나도 끝까지 모든 질문에 성실하게 답한다. 학교에서 이루어지는 수업이나 상담도 철저하게 진행한다. 그의 삶 자체가 철저하다.

그러나 냉정하지는 않다. 요령으로 넘기지도 않는다. 자신은 항상 자기 수업이나 강연이 무미건조하다고 말하지만 묘한 재미가 있고, 그 자신이 명랑하게 웃는 때도 많다. 온통 적들이 우글거리는 세상이어서 주변에 공격적인 자도 많지만 언제나 누구에게나 친절하게 친구처럼 진심으로 대해준다. 그야말로 환대를 한다.

촘스키는 자신이 미국의 노동자계급은 물론이고 제3세계의 가난한 민중과는 비교할 수 없을 정도로 특권적인 삶을 누리고 있음을 인정한 점만으로도 존경받을 만하다. 지난 반세기 이상 미국을 비롯한 세계의 주류 권력과 기업·언론에서 엄청난 모략과 비난을 받아왔음에도 절대로 굴복하지 않고 그들을 비판해온 점만으로도 존경할 만하다.

미국과
미국인을
비판하다

———————

아나키스트라고 하면 별난 사람으로 오해되는 경향이 없잖아 있지만, 촘스키는 행복한 가정에서 태어나 좋은 교육을 받고 행복한 가정을 이루었다. 27세에 세계 최고의 명문대학이라고 하는 MIT 조교수가 되어 74세인 2002년에 퇴직했으며, 그 뒤로도 명예교수로 88세인 2016년까지 62년간을 근무하면서 연구에 매진했다. 2017년부터는 애리조나대학에서 연구하고 있다.

그가 1965년부터 살고 있는 메사추세츠주의 렉싱

턴은 내가 1998년부터 2년 정도 살았던 마을에서 가까운 조용한 마을로, 그의 집은 평균적인 미국인의 평범한 주택이다. 반세기 이상 한 집에서 살기도 쉽지 않은 일이다. 한국에서만 아니라 범세계적으로도 엄청나게 그의 책이 팔리니 인세 수입만 해도 대단할 텐데 부자 티를 낸 적이 없다.

촘스키는 21세이던 1949년에 결혼했는데, 아내가 2008년에 암으로 사망할 때까지 60년 동안 해로했다. 오랜 세월 동안 결혼 생활을 한 점에서도 촘스키는 아나키스트로서도 특이할 뿐 아니라 일반인으로서도 특이하다. 5세 때 히브리학교에서 알게 된 3세의 유대인 소녀인 캐럴 샤츠Carol Schatz, 1931~2008와 결혼한 촘스키는 그 둘 사이에 2녀 1남을 두었다.

아내가 사망한 6년 뒤인 2014년에 브라질 출신의 번역가인 발레리어 워스먼Valeria Wasserman과 재혼했다. 1963년에 태어난 그녀는 촘스키보다 35년 연하다. 촘스키는 90세가 된 2018년에 "계속 병원에 간다"고 말했지만, 오랫동안 지속한 조깅으로 건강에 전혀 이상이 없어 보인다. 그는 여전히 쉼 없이 강연을 다니며 인터뷰를 하고 수많은 책을 저술하고 있다. 이른바 100세 시대에 100세까지 사는 것은 물론 100세에도 많은 책을 쓰고 강연 여행을 다니는 등 노익장을 과시하고 있다.

아나키스트이기 때문에 꼭 그렇다고는 말할 수 없어도, 그런 면모와 무관하게 보아도 20~30년 정도 교수로 지내다가 65세로 정년퇴직을 하면 학문과는 무관하게 사는 것이 보통인 한국의 교수들과 촘스키는 다르다. 아니 박사학위를 받고 교수가 되면 학문과 무관하게 대학의 보직이나 정치권에 기웃거리고, 그것도 안 되면 골프장에나 가서 사교로 시간을 보내는 한국 교수들과는 질적으로 다르다. 촘스키가 100여 권의 저서와 1,000여 편의 논문을 발표한 것도 한국 교수들은 물론 미국의 일반 교수들과도 다른 점이지만, 그 글의 상당수가 그의 전공 분야인 언어학과는 별개의 것이라는 점은 더욱더 흥미롭다.

게다가 그는 끊임없이 노력하는 사람으로 항상 자

촘스키와 아내 캐럴은 촘
스키가 5세, 캐럴이 3세
때 히브리학교에서 처음
만나 캐럴이 암으로 죽은
2008년까지 함께 살았다.

신이 한 발언을 성찰하고 수정·보완하며 지적으로 살아 있는 사람이라면 누구든 늘 그렇게 할 거라고 했다. 대학에 몸담고 있는 사람이 5년 전에 가르쳤던 내용을 그대로 가르친다면, 그 학문은 생명력이 다했거나, 그가 사고하기를 멈추었거나, 둘 중 하나라고도 했다. 실제로 그는 언어학에 관한 자신의 학설을 끊임없이 바꾸었다. 이 점도 보통 학자와는 다른 점이다. 특히 한국의 교수들이 미국을 비롯한 외국 대학의 어느 교수에게 배운 것을 평생 답습하는 태도와는 다르다.

그는 미국만이 아니라 세계적으로도 명문이라고 하는 MIT의 언어학 교수다. MIT는 Massachusets Institute of Technology, 즉 매사추세츠 공학연구소로 번역될 수도 있으나 보통은 매사추세츠 공과대학라고 한다. 그러나 우리나라의 종합대학에 해당된다. MIT와 유사한 한국의 포항공과대학교 등에는 인문·예술·사회대학이나 경영대학은 물론 자연과학대학 등도 없지만 MIT에는 있다. 인문·예술·사회대학에는 우리나라와 달리 학과가 아니라 세부 전공으로 경제,

철학, 역사, 음악, 문학, 정치, 영화예술 등 19개 영역이 있다.

촘스키는 33세가 된 1961년에 MIT의 종신 교수가 되었고, 48세가 된 1976년에는 MIT에서 가장 권위 있는 '인스티튜트 프로페서Institute Professor(한국에서는 볼 수 없는 것으로, 하나의 독립된 학문 기관으로 대우받는 교수를 말한다)'로 임명되었다. 그사이 미국을 비판하는 대중 강연과 저술을 하고 심지어 저항 조직인 '레지스트resist'를 조직하고, 적국인 베트남의 수도 하노이를 방문해 강연까지 했음에도 그런 명예를 얻었다. 사실 베트남전쟁을 비롯해 미국의 모든 전쟁에 첨병인 기관이 MIT인데도 그렇다.

촘스키의 책이나 글들은 대부분 자신의 조국인 미국의 대외정책을 비판하는 것이다. 촘스키는 미국의 외교정책을 제국주의 침략이라고 규정해 근본적으로 비판하고 반대하면서 반미주의의 세계적 연대를 추구하고 있는데, 이는 어떤 학자에게서도 유사한 사례를 볼 수 없을 정도로 특이한 점이다. 그래서 그는 '미국의 양심'이니 '세계의 양심'이라고 불리기도 하지만 '배신자'니 '매국노'라는 비난도 받는다.

한국의 교수가 한국의 외교정책을 반대한다면 당장 교수로서 자격이 없다는 소리를 듣고 대학에서 쫓겨날 것이다. 더욱이 외교와는 무관한 학문 분야의 교수가 그렇다면 더욱 그러할 것이다. 그래서 책이나 논문의 상당수가 연구 업적으로 인정받지 못할 것이고, 그 결과 교수 재임용에서 탈락할 가능성도 충분히 있다. 그러나 촘스키는 그 모든 저술을 학문 업적으로 인정받았다.

촘스키는 집단이나 조직을 싫어하는 아나키스트로 유명하지만, 가족에 대해서는 예외적이었다. 행복한 가정에서 태어나 자랐고 일찍 결혼해 행복한 가정을 이루었다. 좋은 남편이자 아버지였다. 개인적으로 어떤 결점을 보이거나 스캔들을 일으킨 적이 없다. 그야말로 청렴결백하게 살아왔다. 평생을 한 벌 안경과 옷으로 살아왔다고 할 정도로 검소하기도 하다.

촘스키는 인간을 기계로 생각하지 않고 인간 개개

인을 복잡한 독립체로 본다. 개인을 존중하기에 어떤 집단이나 당파에도 속하기를 거부하는 철저한 개인주의자다. 물론 가족이나 직장이 있지만, 그 구성원으로서도 집단에 대한 어떤 충성도 보이지 않는다. 심지어 그가 속했던 MIT에 대해서는 그것이 군산복합체의 온상이라는 등 엄중하게 비판했다. 나아가 그는 유대인이지만 유대교를 믿지도 않고 이스라엘에 대해 그 누구보다도 준엄한 비판을 한다. 무엇보다도 그는 미국인이지만 미국을 이 세상 사람 누구보다도 철저히 비판한다.

아나키스트로
성장하다

촘스키는 1928년 12월 7일, 러시아의 차르가 지배한 우크라이나 출신의 히브리어 학자인 윌리엄 촘스키William Chomsky, 1896~1977의 아들로 펜실베이니아주 필라델피아 부근의 이스트 오크 레인East Oak Lane에서 태어났다. 아버지는 차르 군대에 징집되는 것을 피해 1913년 미국으로 와서 교사를 지냈다. 어머니 엘시 시모노프스키Elsie Simonofsky는 우크라이나 부근인 벨라루스 출신의 유대인으로 1906년에 미국으로 와서 아버지와 같이 히브리어 교사로 활동했다.

아버지는 1924년부터 볼티모어의 그라츠대학Graz College과 1955년부터 드롭시대학Dropsei College에서 교수로 있으면서 13세기의 중세 히브리어를 연구했다. 1977년 그가 사망했을 때 『뉴욕타임스』는 "세계 최고의 히브리 문법 연구자 중 한 사람"이었다고 칭송했다. 촘스키는 어려서부터 집에서 『탈무드』를 히브리어로 읽었다.

부모 모두 프랭클린 루스벨트Franklin Roosevelt, 1882~1945 대통령을 지지한 민주당원이었지만, 어머니쪽 집안이 더 진보적이었다. 유대인들은 보통 헤브라이-시온주의자이지만 촘스키의 부모는 모두 아하드 하암Ahad Ha'am, 1856~1927의 시온주의 좌파를 지지했다. 하암은 테어도어 헤르츨Theodor Herzl, 1860~1904의 정치적 시오니즘이 유대인성과 단절하는 것이라고 비판하며 그것에 대항하는 정신적 시오니즘을 주장했다. 그들은 팔레스타인을 유대 문화의 중심으로 보았지만 유대 국가 창설에는 찬동하지 않았다. 따라서 19세기부터 시작된 이스라엘 건국 운동에는 부정적이었다.

1930년대의 미국은 유대인이 살기에 힘들었다. 촘스키 집안의 이웃도 반유대교적 성향의 우익 가톨릭교도인 아일랜드나 독일에 뿌리를 둔 사람들이었다. 그는 당시 반유대주의의 경험으로 가톨릭에 대한 반감이 생겼지만, 그렇다고 해서 유대교인은 아니고 평생 무신론자로 살아왔다. 그러나 종교에는 역기능과 함께 순기능도 있음을 부정하지는 않는다.

진보적 성향의 부모는 존 듀이John Dewey, 1859~1952의 민주 교육론도 지지했다. 그래서 촘스키가 2세 때 템플대학Temple University에서 운영한 듀이식 실험학교인 '오크 레인 컨트리 데이 스쿨Oak Lane Country Day School'에 보내 12세까지 10년을 다니게 했다. 그 학교에 입학한 2세 때는 물론이고 졸업한 12세 때까지 듀이의 교육 철학에 대해서는 정확하게 몰랐겠지만, 촘스키는 항상 자신의 성장기에 듀이 사상이 깊은 영향을 끼쳤다고 말했다. 듀이를 19세기의 가장 뛰어난 사상가라고 평하기도 했다.

듀이의 교육 사상은 무의미한 경쟁에서 벗어나 각자의 취향과 관심을 자유롭게 창조적으로 계발하는 것이었다. 미국의 국내 정책과 외교정책을 강경하게 비판한 듀이는 시카고대학의 교수로 있으면서 시카고 빈민가의 이민자와 소수민족에 대한 착취에 맞서 투쟁했다. 노동조합의 합법화를 위해 투쟁했으며, 대기업에 반대하는 투쟁에도 앞장섰다. 버트런드 러셀 Bertrand Russell, 1872~1970의 인간 중심 교육 사상과 함께 듀이의 민주주의 교육 사상에 따라 촘스키는 교육의 목적은 지배 논리가 아니라 사물의 가치를 깨닫게 해주는 것이라고 정의했으며, 성장은 자연스럽게 이루어져야 한다고 주장했다.

민주주의자인 부모는 영재교육 따위에 전혀 관심이 없었지만, 10세 때 그는 학교 신문에 당대의 파시즘 확산을 우려하는 글을 투고했다. 2년 뒤에는 아나키즘에 심취해 스페인 시민전쟁에 대해 이모부와 논쟁을 벌이기도 했다. 이런 자신의 어린 시절 모습에 대해 자부심을 느낄 만도 하지만, 훗날 촘스키는 이성적인 사고가 가능한 그 정도 나이에는 누구라도 충분히 생각할 수 있는 것이라고 말했다.

1940년 주간학교를 졸업할 무렵의 촘스키는 방대한 분량의 아나키즘과 사회주의 문헌, 아버지의 박사학위 논문을 비롯한 히브리어 문제에 대한 전문서적까지 읽고 비판할 정도로 정신적으로 성숙했다. 12세의 소년치고는 대단히 조숙했다. 촘스키의 학문적 기초는 이 시절에 이루어졌다. 그 뒤 고등학교나 대학 시절의 경쟁 교육에는 실망했기 때문이다. 그러니 촘스키가 한국에 태어났더라면 처음부터 학교에 적응하지 못한 왕따가 되었을지 모른다.

초등학교와 중학교 과정에 해당하는 10년간의 주간학교에 이어 들어간 필라델피아의 센트럴고등학교 Central High School는 일류 학교라는 명성에도 대학 입시만을 위한 주입식 교육을 시켰다. 촘스키는 우수한 성적을 거두었지만 다른 학생들을 희생하고 거둔 성과라는 점에서 불편해했다. 또 학교 풋볼 팀을 응원하다가 그것이 어리석은 짓임을 깨닫고 그 뒤로는 경쟁적

촘스키는 루돌프 로커가 발간한 아나키즘 주간
지인 『자유노동자의 목소리』를 비롯해 아나키스
트 문헌을 탐독하며 정신을 살찌웠다. 1890년
발행된 『자유노동자의 목소리』.

스포츠와 평생 담을 쌓았다.

학교생활의 고통을 씻어준 것은 필라델피아의 도심에 있는 공공 도서관과 13세 때부터 드나들었던 뉴욕의 외가였다. 공공 도서관에서 그는 평생의 지혜가 된 아나키즘과 사회주의에 대한 문헌을 읽었다. 훗날 촘스키는 1930년대에는 누구나 책을 읽었고, 특히 빈민들이 도서관을 이용하며 희망을 품었지만, 그 뒤로 미국이 우익화되면서 도서관도 퇴락했다고 개탄했다.

1930년대에 뉴욕에서 신문 가판대를 운영한 이모부 밀턴 클라우스Milton Klauss는 누구보다도 촘스키에게 중대한 영향을 끼친 사람이다. 클라우스는 정치적 선전에 속아 억압받는 노동자계급과의 연대가 필요하다고 촘스키에게 가르쳤다. 이모부를 찾아 뉴욕을 자주 찾은 촘스키는 중고 책방에서 루돌프 로커Rudolf Rocker, 1873~1958가 발간한 아나키즘 주간지인 『자유노동자의 목소리Free Arbeiter Stimme』를 비롯해 아나키스트 문헌을 탐독했다.

『자유노동자의 목소리』는 독자가 거의 없었다. 사

유재산을 인정하지 않은 탓에 광고 수입도 거의 없어 언제나 망하기 직전이었다. 다행히도 자원봉사자인 기자와 직원들이 신문 만들기에 신이 난 사람들이어서 겨우겨우 이어나갔다. 그런 모습에서 촘스키는 감동을 받았고, 그 자신 또한 그렇게 평생 살기로 했다.

광고와 독자가 거의 없던 그런 신문이 1977년까지 발행되었다는 게 기적 같다. 그런 분위기는 1930년대가 대공황이 불러온 실업과 빈곤의 시대이면서도 정치적 각성과 치열한 토론의 시대였기에 가능했다. 특히 유대인 사회가 그러했다. 그들 속에서 촘스키는 천박한 자본주의자들처럼 물질적 이득이 아니라 공동선을 위해 글을 쓰는 고귀한 아나키스트 정신에 대해서도 배웠다.

촘스키는 1941년 12월까지 이웃 사람들이 나치를 공공연히 지지하고 유대인들을 멸시하는 반유대주의를 경험하면서 그런 편견에 대담하게 저항했다. 자신이 다니던 학교 옆에 독일군 포로수용소가 세워지자 친구들은 포로들을 조롱하고 멸시했지만 촘스키는 포로들을 옹호하며 친구들의 조롱을 막으려고 노력했다. 당시 그런 조롱은 용감한 행동으로 장려되었다. 그 사건 이상으로 충격적이었던 사건은 원자폭탄이 일본 히로시마에 투하된 것이었다. 그는 그 누구에게도 어떤 말도 할 수 없었고, 철저히 고립되었다고 느꼈다.

언어학을
공부하다

고등학교를 졸업한 촘스키는 17세가 된 1945년부터 펜실베이니아대학 교양 과정에서 철학과 논리학과 언어학을 공부했다. 이때 대학 수업의 획일성에 실망해 당시 많은 유대인 학생처럼 대학을 중퇴하고 팔레스타인으로 가서 키부츠에서 일할 생각을 했다. 협동과 평등을 강조한 키부츠는 새로운 사회 모델로 환영을 받았다. 당시 키부츠는 아랍인과 유대인의 협력을 주

장했으며, 유대 국가 창설에 반대한 키부츠도 있었다.

그러나 키부츠는 대부분 스탈린주의자들이 차지해 10대 초부터 반스탈린주의자였던 촘스키에게는 맞지 않았다. 그 뒤 촘스키는 이스라엘을 여러 번 찾았지만 유대 국가의 존재에는 항상 반대했다. 당시 촘스키를 키부츠에 가지 못하게 한 더 큰 이유는 캐럴 샤츠와의 사랑, 러시아에서 망명한 언어학자인 젤리그 해리스Zellig Harris, 1909~1992와의 만남이었다. 대학과는 무관한 곳에서 우연히 만난 해리스는 촘스키의 언어학뿐만 아니라 아나키즘 형성에도 큰 영향을 끼쳤다.

1947년 그를 처음 만났을 때부터 촘스키는 그의 언어학보다도 자신의 정치관과 유사한 그의 정치관에 깊은 인상을 받았다. 해리스는 촘스키에게 수학과 철학을 공부하라고 권했고, 자기의 언어학 교실에도 들러보라고 했다. 촘스키는 선술집이나 아파트에서 맥주를 마시며 토론을 벌이는 해리스의 수업에 빠져들어 언어학을 전공하게 되었다.

촘스키는 21세가 된 1949년에 당시 19세였던 캐

럴 샤츠와 결혼했다. 두 사람 모두 학생이어서 자식을 갖는 것을 미루어 1957년과 1960년에 두 딸을, 1967년에 아들을 낳았다. 캐럴은 1951년 펜실베이니아대학에서 프랑스어(로망스어)로 학사학위를 받고 1968년 하버드대학에서 언어학으로 박사학위를 받았다. 논문의 주제는 어린이의 언어 습득 과정에 관한 것이었다.

이어 1972년부터 1996년까지 하버드 교육대학원의 교수를 지냈으니 최고의 학문적 성취를 이루었다고 할 수 있다. 장녀 아비바Aviva는 중앙아메리카의 역사와 정치를 연구하는 학자가 되었고, 차녀 다이앤Diane은 니카라과 수도 마나과에 있는 원조 기구에서 일했다. 아들 해리Harry는 캘리포니아에서 소프트웨어 개발자로 일했다.

촘스키는 1944년부터 1949년까지 드와이트 맥도널드Dwight Macdonald, 1906~1982가 발간한 아나키즘과 반전주의 잡지인 『폴리틱스Politics』를 애독했다. 20대의 마지막에는 마르크스주의자이자 평의회 공산주

자인 파울 마티크Paul Mattick, 1904~1981가 스탈린주의를
비판하며 발간한 『리빙 마르크스주의Living Marxism』를
즐겨 읽었다. 또 제2차 세계대전을 서양 자본가와 국
가자본주의 정부가 소련의 국가사회주의 정부와 함께
일으킨 전쟁이라고 비판한 『말렌티스Marlenites』도 애
독했다.

언어학이란
무엇인가?

———————

촘스키는 19세기의 다윈이나 마르크스, 20세기의 프로이트나 알베르트 아인슈타인Albert Einstein, 1879~1955에 비교될 정도로 20세기 가장 위대한 언어학자다. 언어학의 역사에서도 가장 위대한 언어학자로 꼽힌다. 그런데 이 점은 우리가 쉽게 이해하기 어렵다. 왜냐하면 우리에게는 언어학이라는 것이 대중적으로는 거의 알려져 있지 않기 때문이다.

한국에는 서울대학교 외에 언어학과를 두고 있는

대학교가 고려대학교, 부산대학교, 충남대학교, 한국외국어대학교 등이다. 따라서 언어학자라고 하는 사람들도 보기 어렵다. 서울대학교 등에는 분명히 몇 사람 있을 것이지만 우리는 대부분 그들을 모른다. 세계에서 가장 과학적인 언어라는 한글을 가지고 있는 대한민국에서 언어학이 이렇게도 일반인에게 알려지지 않는 이유가 무엇인지 나로서는 알 수 없다. 중고교 교과과정에서도 언어학에 대한 설명은 보기 어렵다.

따라서 촘스키를 이해하기 위해서는 언어학에 대한 최소한의 상식이라도 알아볼 필요가 있다. 이 책이 촘스키에 대한 책이기 때문이지만 꼭 그렇지 않다고 해도 알아둘 필요가 있다. 언어학은 인간의 언어를 연구하는 학문으로, 특히 인간이 갖는 문법과 같은 무의식적 지식을 체계화고자 하는 학문이다.

로버트 로빈스Robert Robins의 『언어학의 역사』 등이 밝히듯 언어학의 역사는 기원전 5세기 인도의 파니니Pānini나 고대 그리스 철학자들에게까지 거슬러 올라간다. 하지만 본격적인 연구는 프랑스 철학자 르네 데카르트René Descartes, 1596~1650의 영향을 받은 17세기 프랑스의 포르루아얄Port-Royal 문법학자들이 문법의 구조가 정신의 구조, 즉 생각의 논리적 패턴과 유사하다고 주장한 것에서 비롯되었다.

데카르트는 합리주의 철학자였다. 합리주의 철학에 대응하는 또 하나의 철학이 경험주의다. 경험주의는 인간의 모든 지식은 경험에서 비롯된다고 보고, 경험을 뜻하는 감각 자료가 나오는 환경을 중시한다. 반면 합리주의는 정신, 즉 이성이 인간 지식의 중요 원천이라고 보고 정신이라는 수단을 통해 감각 자료를 해석한다. 데카르트는 "나는 생각한다. 고로 존재한다Gogito ergo sum"는 말로 유명하다. 데카르트학파는 인간의 생각과 언어는 매우 복잡해 몸짓, 즉 감각 자료에 대한 반응으로만 설명할 수 없고, 정신에 의해서만 설명할 수 있다고 보았다. 그들의 주장을 정리한 책이 촘스키의 『데카르트 언어학Cartesian Linguistics』(1966)이다. 그러나 19세기에는 역사 언어학이 중시되었다.

현대 언어학의 아버지는 스위스의 페르디낭 드 소

'구조주의 언어학'을 주장
한 현대 언어학의 아버지로
불리는 페르디낭 드 소쉬르
와 달리 촘스키는 언어를
정신 속에서 태어나 성장하
는 개인의 사유라고 본다.

쉬르Ferdinand de Saussure, 1857~1913다. 그는 랑그langue
와 파롤parole을 구분해 현대 언어학의 기초를 쌓았다.
랑그는 언어 자체의 내적 체계와 구조, 파롤은 언어
의 사용을 가리킨다. 이런 구분은 혁명적인 것이었다.
그 전에는 2가지의 구분 없이 언어 사용이 언어 구조
를 결정한다고 생각했기 때문이다. 소쉬르는 시니피앙
significant과 시니피에signifié도 구분했다. 시니피앙은 소
리, 시니피에는 뜻을 가리킨다.

　　그런데 20세기에는 살아 있는 언어인 구어口語에
대한 연구가 중시되었다. 특히 주류인 프라하학파는
음운론을 집중적으로 연구했다. 프라하학파를 창시
한 로만 야콥슨Roman Jakobson, 1896~1982의 영향을 받
은 프랑스의 인류학자 클로드 레비스트로스Claude Lévi-
Strauss, 1908~2009가 구조언어학에 영향을 주면서 언어
학은 과거로 회귀했다.

　　나아가 언어의 구조는 학습된 행동으로 여겨지
면서 하버드대학 심리학 교수인 스키너B. F. Skinner,
1904~1990는 행동으로서의 언어를 주장했다. 스키너는

어떤 물건의 이름을 들으면서 그것을 보고 그 이름을 중얼거려 보는 것으로 언어를 습득한다고 보았다. 이는 인간을 기계로 생각한 언어 이론으로 언어를 개인의 사유로 본 촘스키의 입장과는 근본적으로 달랐다. 촘스키는 스키너의 행동주의적 세계(박스)가 '잘 운영되는 포로수용소a well-run concentration camp'라고까지 비판했다

　반면 촘스키는 언어를 정신 속에서 태어나 성장하는 개인의 사유라고 본다. 즉, 우리가 한 번도 들은 적이 없는 문장을 자유자재로 말할 수 있는 것은 인간이기에 갖는 창조적 특징이라는 것이다. 그러나 언어학자들이 다 그렇게 생각하는 것은 아니다. 그와 다른 견해를 갖는 사람도 많다.

촘스키의
언어학
이론

———————

촘스키가 위대한 언어학자가 될 수 있었던 배경으로는 그의 아버지가 언어학자라는 점을 들 수 있다. 러시아에서 이주한 유대인 가정에서 태어났다는 점도 이유 가운데 하나다. 촘스키의 가족은 영어, 이디시어, 러시아어 등을 자유자재로 구사하는 다언어 사용자였다. 이러한 기초 위에서 촘스키는 대학에서 독일어와 프랑스어, 고전 아랍어까지 익혔다. 더 중요한 계기는 앞에서도 언급했듯이 언어학자인 해리스를 만난 것이었다.

1948년 촘스키가 학사학위 논문의 주제를 찾고 있을 때 해리스는 히브리어를 연구하라고 권했다. 촘스키는 1951년에 학사학위 논문 「현대 히브리어의 형태소론The Morphophonemics of Modern Hebrew」를 제출했다. 이어 하버드대학에서 특별 연구원Harvard Society of Fellows으로 3년간 연구 장학금을 받아 보스턴으로 이주했는데, 그것은 1955년까지 연장되었다. 특별 연구원은 한 달에 한 번 대학 측 인사들과 식사하는 것 외에는 어떤 의무도 없이 연구에만 열중할 수 있는 자리였다.

이때부터 촘스키는 철학에도 관심을 가졌다. 그는 1951년부터 하버드대학에서 철학자 넬슨 굿맨Nelson Goodman, 1906~1998, 윌러드 콰인Willard Quine, 1908~2000과 함께 연구했지만 뒤에 스키너를 비판하면서 콰인도 비판하게 되었다. 또 옥스퍼드대학의 철학과 교수인 존 오스틴John Austin, 1911~1960과도 친하게 지내면서 러셀의 철학에도 관심을 가졌다. 그래서 그가 1953년에 최초로 발표한 논문 「통사 분석 체계Systems of Syntactic Analysis」는 언어학 학술지가 아니라 철학 학술지인 「기호 논리학 저널Journal of Symbolic Logic」에 게재되었다.

촘스키는 1955년에 「변형 분석Tranformational Analysis」이라는 논문으로 펜실베이니아대학에서 언어학 박사학위를 받았다. 학위 논문은 그가 쓴 1,000쪽에 이르는 논문인 「언어 이론의 논리적 구조The Logical Structure of Linguistic Theory」(1975년 출판)의 한 장이었다. 그 직전에 촘스키는 병역 문제로 고민했으나 박사학위를 받았다는 이유로 병역을 면제받았다. 대단한 특혜였다.

촘스키는 27세의 나이에 MIT의 조교수가 되었다. 전자공학연구소에서 기계 번역 프로젝트를 담당하는 연구직이었다. 당시 그는 연구소 측에 자신은 전자공학을 모르고 관련 자격증도 없으며, 그 프로젝트가 어떤 지적인 이득도 없는 무의미한 일이라고 말했다. 그는 기술을 경멸했고, 녹음기 이상의 기계를 다룰 줄도 몰랐다. 그는 인간이 작성한 프로그램에 의하지 않는 한 컴퓨터는 아무것도 할 수 없다고도 했다.

촘스키의 첫 연구는 미국의 군수산업체 3곳에서 연구비를 지원받아 진행되었다. 지금도 MIT에서 진행하는 모든 연구는 군수산업체에서 지원을 받는다. MIT만이 아니라 미국의 유수 대학, 세계의 유수 대학이 다 그렇다. 그런 촘스키가 군수산업체를 핵심으로 하는 미국의 제국주의를 비판한다는 사실은 매우 아이러니하다. 냉전 시대 MIT를 비롯한 미국 대학의 문제점과 당시 자신이 처한 처지에 대해서는 하워드 진 Howard Zinn, 1922~2010 등과 함께 1997년에 쓴 『냉전과 대학』에 잘 묘사되어 있다.

"만일 당신이 지식인의 한 사람으로서 지난날 고조되고 있던 냉전 체제에 비판적이었다면, 아마 당신은 주류에서 아주 멀리 벗어나 있었을 것이고 극소수의 친구를 제외하고는 당신이 대화를 나눌 상대가 없었을 것이다."(53쪽)

냉전 시대를 상징한 것은 그가 "양심의 가책을 넘어 공포를 느끼며 전율한" 6·25전쟁이었다. 여하튼 응용과학의 전당인 MIT의 응용과학에 대해서는 철저히 무관심했던 촘스키는 강사를 구하지 못해 폐강 직전에 몰린 언어와 철학에 대한 강좌가 있음을 발견하고 그 강좌를 맡았다. 그리고 박사학위 논문을 준비하는 과정에서 준비한 언어학에 대한 새로운 생각들을 정리해 첫 저서 『통사 구조Syntactic Structures』(1957)를 펴냈다. 이 책은 서서히 현대 고전학의 고전으로 자리 잡았다.

촘스키는 1959년에 언어를 학습된 행동이라고 본 스키너의 행동주의 이론을 비판해 학계를 놀라게 했다. 촘스키는 행동주의 이론이 홍보 산업이나 선전과는 맞아떨어지지만 모호한 이론이라고 생각했다. 뒤에 촘스키는 행동주의는 사기에 불과하다고 비판하기도 했다.

1961년에는 33세의 나이로 MIT의 언어 및 언어학 전공(그 뒤에는 언어 및 철학 전공)의 종신교수로 임명되었고 『통사 이론의 제상Aspects of the Theory of Syntax』(1965)을 냈다. 그리고 1968년에는 오랜 친구이자 동료 학자인 모리스 할레Morris Halle, 1923~2018와 『영어의

촘스키는 인간의 뇌는 선천적
으로 언어 능력을 보유하고 있
다고 보았다. 그는 자신의 언
어학 이론을 보편문법, 변형생
성문법, 지배-결속이론, 최소
주의 이론 등으로 발전시켰다.

음성 체계The Sound Pattern of English』를 통해 생성문법 이론을 체계적으로 발전시켰다. 이어 1975년에는 『언어 이론의 논리적 구조The Logical Structure of Linguistic Theory』와 『언어에 대한 고찰Reflection on Language』을 출간했다. 촘스키는 1967년에는 런던대학, 1972년에는 델리대학을 비롯해 수많은 각국 대학에서 명예박사학위를 받았고 많은 상을 받았다.

촘스키의 언어학 이론을 요약해보자. 그는 인간의 뇌는 선천적으로 언어능력을 보유하고 있는데, 이러한 생물학적인 능력의 일부가 모든 언어에 공통적으로 존재하는 원리 체계라는 보편 문법Universal Grammar이라고 했다. 그는 모든 언어는 기본적으로 보편적인 기제에 의해 작용하며 언어는 인간의 고유한 특성이라고 보았다. 이러한 가설에 의거해 촘스키는 1950년대부터 변형 생성문법Transformation Generative Grammar을 주창했으며, 이러한 관점은 기존의 언어 연구에 중대한 영향을 주었다. 그런데 촘스키는 스스로 제창한 이론에도 끊임없는 수정을 가해 1980년대에는 지배-결속 이론

Government-Bind Theory을 제시했으며, 1990년대에는 다시 그것을 수정한 최소주의 이론Minimalist Program을 제시했다.

촘스키의 이론은 언어학뿐만 아니라 심리학과 인지과학, 컴퓨터공학, 생물학 등에까지 영향을 주었다. 촘스키는 1980~1990년대에 모든 분야를 통틀어 세계에서 가장 많이 인용되는 학자였다. 또 역사상 모든 저술가 가운데 가장 많이 인용되는 10명 가운데 한 사람이기도 하다. 셰익스피어, 마르크스와 동급의 인용 빈도를 보이며, 생존해 있는 지식인들 중에는 가장 중요한 인물로 꼽히기도 한다.

촘스키 이후의 언어학은 언어에 대한 촘스키 식의 접근 방식(형식주의)을 따르는 학자들과 이에 저항하는 접근 방식(기능주의)을 따르는 학자들로 나뉜다. 어느 입장을 따르든지 언어학에서 촘스키의 공헌 자체를 부인하지는 않는다. 그렇지만 두 접근 방식이 너무나 차이를 보이기 때문에 형식주의자와 기능주의자들 사이의 이론적·심리적 거리는 상당한 편이다. 촘스키는 언어학자로서 분석철학뿐만 아니라 유아의 언어학습이라는 관점에서 장 피아제Jean Piaget, 1896~1980와 논쟁할 정도로 인지 철학에도 관심을 가지고 있다.

인간의 본성과 윤리

촘스키는 자신이 언어학에 관심을 가질 때부터 지금까지 인간의 지적 능력, 나아가 모든 영역에서 궁극적으로 드러나게 되는 인간의 본성에 관심을 가져왔다고 한다. 언어학은 인간의 본질적인 지적 능력, 인간에게 고유한 능력을 깊이 있게 탐구해 피상적 이해를 넘어서는 결과를 획득하는 것을 목표로 하는 몇 안 되는 영역 중의 하나라고 한다.

인간의 본성에 대해 여러 가지 논의가 있다. 촘스

키는 인간에게만 존재하는 본성이 있는 것은 확실하지만 그것이 무엇인지는 알 수 없으며, 5만여 년 전 동아프리카에서 탄생한 인류의 본성이 변했다는 증거도 없다고 말한다. 촘스키는 원시인이나 현대인이나 그 인지 능력은 동일하다고 보았다. 그러면서도 역사나 경험을 통해 본성이 선악을 오간다는 것은 알 수 있으며, 오늘날 윤리 의식은 과거보다 확대되었다고 보았다. 즉, 도덕적 판단의 범위가 여성과 아동으로, 다른 사회로, 심지어 동물까지 확대되었으며, 그 증거가 1948년에 나온 세계인권선언이라는 것이다.

촘스키는 인간의 본성에 대해 알 수 없다고 보면 정치 변화의 가능성을 낙관적으로 볼 수 있다고 주장한다. 반면 기존의 사회 시스템을 옹호하는 사람들은 그것이 인간의 본성과 일치한다고 주장하지만, 인류 역사를 대부분 지배한 사회 시스템은 채집·수렵 사회였고, 두 번째로 온 것이 농업사회였으며, 국가자본주의 시장 체제는 최근에야 등장했다. 칼 폴라니Karl Polani, 1886~1964는 그러한 단절이 강요된 것이었다고

『거대한 전환』(1944)에서 주장했다. 국민국가라는 것도 마찬가지로 최근에 강요되었다.

촘스키에 의하면 인간은 태어날 때 백지상태라는 '타불라 라사tabula rasa'를 믿는 사람은 이제 없지만, 많은 마르크스주의자는 그것을 믿었다. 그것이야말로 마르크스주의가 정치학과 역사에 도입한 근본적인 혁신이었다. 즉, 그들은 불변의 고정된 추상적 본성은 존재하지 않고 인간의 본성은 역사적으로 결정된 사회관계의 총체라고 보았다.

마르크스주의자만이 아니라 우파도 그렇게 보았다. 스키너와 콰인, 굿맨도 그러했다. 반면 본성이 있다고 보는 사람 중에도 콘라트 로렌츠Konrad Lorenz, 1903~1989처럼 우파가 있었다. 따라서 본성이 있다고 본다고 해서 반드시 우파가 아니고, 없다고 본다고 해서 반드시 좌파도 아니다. 타불라 라사를 좌파의 것이라고 주장하는 스티븐 핑커Steven Pinker의 『빈 서판: 인간의 본성은 타고나는가』(2002)는 좌파의 권위를 떨어뜨리려는 수법이라고 촘스키는 비판하고, 그러한 문제는 더는 깊이 파고들 필요가 없다고 말한다.

촘스키에 의하면 인간은 이성에 충실하기도 하지만, 불합리한 믿음을 받아들이는 경향도 있다. 촘스키는 무신론자이기는 하지만 종교의 순기능과 역기능을 동시에 인정한다. 그는 진심에서 우러난 종교적 믿음을 가진 사람들이 부럽다면서 종교가 마음에 위안을 주고 소외된 인간을 공동체로 결집시킬 수 있다고 말한 적이 있다. 그는 인도에서처럼 종교적 극단주의가 보여주는 역기능도 무시할 수 없지만, 그렇다고 해서 대중이 이해하기 힘든 지적 공간에 빠져서 포스트모더니즘처럼 난해한 이론만 쏟아내는 무신론자들의 경향에 대해서는 비판적이다.

마찬가지로 인간은 지도자를 추종하기도 하지만 추종을 거부하기도 한다. 나아가 촘스키는 인간이 자신의 행동에서 예측 가능한 결과를 책임져야 한다고 주장한다. 인간의 본성에는 선악을 식별하는 도덕적 능력이 포함되어 있다고 보기 때문이다.

촘스키의
정치적
활동

————————

1953년에 촘스키는 하버드대학에서 지원한 여행 보
조금으로 캐럴 샤츠와 첫 해외여행을 했다. 촘스키 부
부는 영국, 프랑스, 스위스, 이탈리아를 거쳐 이스라엘
로 가서 키부츠에서 잠시 생활했다. 그들이 키부츠에
있을 때 그 이웃 키부츠에서 해리스는 6개월을 머물
렀고 그의 아내는 1년을 지냈다.

그들이 머문 키부츠는 키부츠 운동을 이끄는 두 세
력 중 좌파인 하쇼머 하차이르Hashomer Hatzair에 속했

다. 그곳에서 아랍인과 공동으로 활동했다. 그곳 구성원들의 스탈린주의를 싫어했지만, 촘스키 부부는 보스턴에 돌아온 뒤에도 키부츠에 영주하는 문제를 고민했을 정도로 키부츠에서 많은 영향을 받았다. 그래서 2년 뒤인 1955년 캐럴 샤츠는 다시 키부츠로 갔다.

촘스키는 1962년부터 베트남전쟁에 반대하는 활동을 시작했다. 촘스키는 1965년 10월에 보스턴의 커먼공원에서 베트남전쟁에 반대하는 첫 대중 강연을 했으며, 이때 전쟁에 찬성하는 시위대의 공격을 받았다. 베트남전쟁에 반대하는 내용으로 일반 대중을 상대로 한 최초의 강연은 1966년 하버드대학에서 이루어졌다.

그것은 1967년 2월 『뉴욕타임스 리뷰 오브 북스New York Times Review of Books』에 「지성인의 책임The Responsibility of Intellectuals」으로 발표되었다. 「지성인의 책임」은 서양 지식인들을 스탈린의 인민위원, 사기꾼, 위선자라고 비판하면서 지성인이면 저항해야 한다고 역설하고 그 예로 징병 거부를 들었다. 촘스키는 그해 10월에 최초로 투옥되었지만 하루 만에 석방되었다. 촘스키는 그의 미국 대외정책에 대한 비판 때문에 리처드 닉슨Richard Nixon, 1913~1994 행정부 시절에는 '국가의 적'이라는 파렴치한 명단에 올랐다. 그 명단에는 하버드대학의 경제학 교수인 존 갤브레이스John Galbraith, 1908~2006도 들어 있었다.

1960년대에 촘스키의 정치적 동지로는 평화 연구자인 폴 라우터Paul Lauter가 있었다. 그는 '민주사회를 위한 학생 연합Students for a Democratic Society, SDS'에서 활동하면서 『양심적 병역 거부자를 위한 안내서』를 썼다. 라우터와 함께 촘스키는 베트남전쟁을 비판하는 저항 조직 '레지스트'를 조직했다. 작가인 한스 코닝Hans Koning, 문학사가인 리처드 오먼Richard Ohmann, MIT 언어학과 교수인 웨인 오닐Wayne O'Neil 등도 참여했으며, 2만 명 이상이 선언문에 서명했다. 당시 그런 서명 행위는 경범죄였기에 형사 고발의 위험을 감수해야 했다.

당시에는 촘스키만이 아니라 많은 지식인이 저항

했다. 우리나라에서도 아동 양육서로 유명한 소아과 의사 벤저민 스폭Benjamin Spock, 1903~1998도 그중 한 사람이었다. 그를 비롯한 소위 보스턴 5적에 대한 재판은 촘스키 가족을 공포에 빠지게 했다. 캐럴 샤츠와 두 딸은 콩코드Concord에서 벌어진 침묵시위에 참석했다가 통조림 깡통과 토마토 세례를 당하기도 했다. 그러나 촘스키는 소비에트 마르크스주의에 반대했기 때문에 1960년대 학생운동의 이념과는 반드시 일치하지 않아 학생들의 아이콘이 되지는 못했다.

촘스키는 심지어 죽음의 위협을 받기도 했다. 그럼에도 그는 1970년 하노이를 방문해 미국의 정책을 비판하는 강연을 했고, 하노이에 도착하기에 앞서 라오스에도 들렀다. 게다가 그는 유나바머Unabomber로 더 잘 알려진, 시어도어 카진스키Theodore Kaczynski에 의해 작성된 타깃 리스트에도 올랐다. 카진스키가 잡히지 않은 기간 동안, 촘스키는 그의 우편물에 폭발물 검사를 했다. 그는 종종 경찰 보호를 받았다고 말하는데, 특히 MIT 캠퍼스에 있을 때였다. 그렇지만 그는 경찰 보호에 동의하지는 않았다.

그런 가운데에서도 그는 꾸준히 중요한 저술을 했다. 먼저 1979년에 에드워드 허먼Edward Herman과의 공저 『인권의 정치경제학The Political Economy of Human Rights』을 출간하고 동티모르 위기를 다루기 위해 리스본에서 열린 국제회의에 참석했다. 이어 1983년에 『숙명의 트라이앵글: 미국, 이스라엘, 팔레스타인The Fateful Triangle: The United States, Israel, and the Palestinians』을 출간했다.

1985년에 니카라과를 방문한 촘스키는 강연 도중 니카라과를 비롯한 중남미에서 미국이 저지른 만행을 언급하며 눈물을 흘렸다. 1988년에는 이스라엘이 점령한 펠레스타인 지역을 방문하고 허먼과 함께 『여론조작: 메스미디어의 정치경제학Manufacturing Consent: The Political Economy of the Mass Media』을 출간했다. 1989년에는 『환상을 만드는 언론Necessary Illusions』을 출간했다.

21세기가 시작된 2001년 9·11 사태가 터지자 『9·11』을 출간했다. 2001년의 인도 방문 후 2002년에 촘스키는 자신의 책을 출판했다고 반역죄로 기소된 출판인의 요청으로 그의 재판에 공동 피고인으로 참석했으나, 보안 법정은 재판 첫날에 기소를 기각했다. 촘스키는 쿠르드 지역을 방문하고 쿠르드인의 인권을 강력하게 옹호했다. 2002년과 2003년에는 브라질에서 열린 세계사회포럼에 참석해 연설을 했다.

2003년에는 『패권인가 생존인가: 세계 지배에 대한 미국의 의문Hegemony or Survival: America's Quest for Global Dominance』을 출간하고 '라틴아메리카 사회과학자협회CALSCO' 초청으로 쿠바를 방문했다. 귀국 뒤에 쿠바에 대한 미국의 금수 조치를 비난했다. 2004년과 2005년에는 피렌체, 테살로니키, 아테네, 헝가리, 런던, 옥스퍼드, 맨체스터, 리버풀, 올덴부르크, 에든버러, 베를린, 라이프치히, 류블랴나, 노비그라드, 볼로냐 등에서 강연했다.

베네수엘라의 우고 차베스Hugo Chavez 대통령이 2006년 유엔 총회에서 미국의 조지 W. 부시 대통령은 '악마'라는 비판을 담은 유명한 연설을 했다. 이때 차베스는 촘스키의 『패권인가 생존인가』를 보이며, "미국 국민은 꼭 이 책을 읽어야 한다"고 했다. 그다음 날 촘스키의 저서는 아마존닷컴 베스트셀러 1위에 올랐다. 꼭 그런 이유 때문은 아니지만 그 책을 촘스키의 대표적인 저서로 보는 사람이 많다. 그러나 촘스키 자신은 그렇게 말한 적이 없다. 그의 저서가 100여 권 이상에 이르기 때문에 그중에서 꼭 읽어야 할 필독서 한 권을 찾는 경우에 추천하는 책일 뿐이고 그의 저서 중 어느 것이 훨씬 뛰어나다는 이야기는 있을 수 없다.

2011년 촘스키는 "30년간의 계급 전쟁에 대해 민중이 처음으로 분명하게 보여준 반응"이라고 정의한 '점령하라occupy 운동'에 참여했다. 이에 대한 저서로 『촘스키, 점령하라 시위를 말하다』(2012)를 썼다. 그는 언론 보도와 국민 인식과 언어에 영향을 미치며 일상의 불평등을 국가적 의제로 제기한 것을 그 운동의 가장 큰 성공으로 꼽았다. 그리고 그것은 성장에 대한 새로운 인식과 함께 새로운 세계, 즉 "계급도 없고, 누구나 참여할 수 있는 자치 구조에서 합의를 통해 모든

베트남전쟁을 반대하는 등 미국의 대외정책을 적
극적으로 비판하면서 촘스키는 리처드 닉슨 행정
부 시절에 '국가의 적'이라는 이른바 블랙리스트
명단에 올랐다. 2011년 '점령하라' 운동에 참여
해 연설하고 있는 촘스키.

것을 결정"(22쪽, 86쪽)하는 새로운 세계에 대한 비전을 보여주었다고 했다. 바로 촘스키가 평생 추구한 아나키즘의 길이다.

촘스키는 2016년에 미국 대통령 선거에서 버니 샌더스Bernie Sanders를 지지했고, 쿠르드인의 인권 침해를 이유로 터키 대통령을 비판했다. 또 도널드 트럼프Donald Trump를 혹독하게 비판하는 등 정치적 활동을 계속하고 있다. 예컨대 트럼프 대통령의 등장이 '부드러운 파시즘friendly fascism'을 준동하게 할 수 있다고 우려했다.

2017년 5월 12일 영국 BBC 방송과의 인터뷰에서는 트럼프가 "히틀러 혹은 무솔리니는 아니지만 대단히 권위주의적이고 매우 위험하다"고 우려했다. 그러나 촘스키는 2018년에 열린 싱가포르 북미정상회담은 트럼프가 칭찬받을 만한 몇 안 되는 업적이라고 평가하기도 했다.

촘스키에게
사상이
있는가?

앞서 말했듯 촘스키는 현대사상의 총아라고도 하는 프랑스 중심의 포스트모더니즘을 싫어한다. 자크 데리다Jacques Derrida, 1930~2004와 같은 포스트모더니즘 철학자들을 소위 '입 진보'라고 규정하면서 다음과 같이 비판한다.

"누군가에게 데리다의 최근 논문을 이해할 수 있는 말로 설명해달라고 요청해보면 어떨까요? 분명히 이해할 수 있게 설명해줄 수 있는 사람은 아무도 없을 겁니다. 설사 있다 해도 적어도 나에게만큼은 설명해줄 수 없을 겁니다. 왜냐하면 나는 데리다의 논문을 이해하지 못하기 때문입니다. 우리는 지식인들이 어떤 이유로 아무도 이해할 수 없고 보통 사람들에게 설명해줄 수도 없는 주제나 문제들을 선호하는지 자문해봐야 합니다. 제 생각에 이런 경향은 지식인들이 일반 대중들을 지배하려는 또 다른 전략 때문이라고 봅니다."(『촘스키의 아나키즘』, 242쪽)

촘스키에 의하면 지식인들이 하는 일은 지식을 독점하고 개인적인 특권을 누리기 위해 다른 사람들이 이해할 수 없도록 간단한 것을 어렵게 보이게 만드는 것이다. 이런 현상은 수많은 대중매체와 수많은 지적 유희를 통해 더욱더 과장된다. 촘스키는 이런 현상은 좌파 지식인을 비롯해 현대 지식인들이 자신들만의 위대한 경력을 만들고 자신들만의 권력을 만들어 일반 대중을 주변화하고 일반 대중에게 위협적인 존재가 되려는 욕망에서 생긴 것이라고 본다.

촘스키는 자크 라캉Jacques Lacan,1901~1981을 '사기

꾼Charlatan'이라고 비판했으며, 슬라보이 지제크Slavoj
zizek을 향해선 "도대체 무슨 말을 하는지 모르겠다"고
비판했다. 특히 관심을 끌었던 것은 동성애자 철학자
인 미셸 푸코Michel Foucault, 1926~1984와의 논쟁이었다.
촘스키는 그런 이론들은 너무나 난해해 평범한 노동
자들이 알아들을 수 없으므로 결국은 노동자들을 우
롱하는 것이라고 비판했다. 그리고 노동자들의 삶에
대해 말할 때에는 누구나 이해할 수 있는 쉬운 말과
상식에 근거해야 한다고 주장했다.

　나아가 촘스키는 프랑스 지성계가 스타 중심의 유
행에 물들어 프랑스인의 지적 수준 자체가 크게 떨
어졌다고 말해 프랑스인의 분노를 자아냈다. 반면 프
랑스인들은 마르크스나 그 지적 계승자들인 안토니
오 그람시Antonio Gramsci, 1891~1937, 죄르지 루카치György
Lukács, 1885~1971, 프랑크푸르트학파, 장 폴 사르트르
Jean Paul Sartre, 1905~1980, 푸코, 피에르 부르디외Pierre
Bourdieu, 1930~2002, 지제크 등이 사회구조, 권력, 이데
올로기, 계급, 정치, 사회 등에 대한 '이론'을 갖고 있는

반면 촘스키에게는 그런 이론이 없다고 비판했다.

이에 대해 촘스키는 마르크스 외에 제대로 된 이론을 제시한 사람은 없다고 반박하면서 자신도 그런 정도의 이론은 마음만 먹으면 당장 만들 수 있다고 했다. 촘스키의 이런 주장에 대해 이 학자들을 추종하는 사람들은 불쾌해할지 모르지만 그런 프랑스식 사상 외에도 위대한 사상은 얼마든지 있다. 앞에서 말한 촘스키의 언어학도 위대한 사상이다. 그의 언어 이론은 다윈의 진화론이나 프로이트의 무의식 이론과 같은 수준의 위대한 사상이라고 보는 견해도 있다. 반면 프랑스의 현대사상가 누구도 그 정도의 칭송을 받지는 못한다.

촘스키는
아나키스트인가?

촘스키는 흔히 미국의 언어학자, 철학자, 정치 활동가
로 불리는데, 여기에 그가 아나키스트라는 말을 더하
면 싫어하거나 이상하게 생각하는 사람들이 있다. 또
는 자신의 취향에 따라서 사회주의자라고 보는 사람
도 있다. 소위 정통 아나키스트라고 자처하는 사람들
중에는 촘스키는 아나키스트가 아니라고 보는 경우도
있다.

그러나 나는 무엇보다도 아나키스트라는 점이 그

의 본질이라고 생각한다. 촘스키 자신은 그의 언어학과 사회관이 무관하다고 말하지만 아나키즘이라는 점에서 서로 통한다고 본다. 촘스키 같은 언어학자나 철학자는 많다. 심지어 정치적 활동가를 겸하는 사람도 많다. 그러나 동시에 아나키스트인 사람은 극히 드물다. 아니 아나키스트치고 이렇게 공공연히, 아니 세계적으로 활동하는 사람은 다시없다. 게다가 세계를 무대로 반제국주의 활동을 하는 사람도 다시없다.

촘스키는 1976년 영국 BBC와의 인터뷰에서 자신을 아나키스트 사상가로 여기지 않고 "굳이 말하자면 비슷한 목적지를 가는 여행자 정도"라고 했다. 사실 그가 아나키즘을 본격적으로 연구했다고 보기는 어렵고, 그 나름의 독특한 아나키즘을 갖고 있다고 보기도 어렵다. 그래서 현대 아나키즘 연구자로 정평이 있는 조지 우드콕George Woodcock, 1912~1995은 촘스키를 마르크스주의자로 보았다. 그러나 촘스키는 그런 견해에 단호히 반대한다. 촘스키는 마르크스를 높이 평가하며 심지어 그의 아나키즘적 면모까지 인정하지만 촘스키는 어떤 의미에서도 '마르크스주의자'가 아니다.

내가 보기에 촘스키는 우드콕 같은 '정통' 아나키스트보다 훨씬 '유연한' 아나키스트다. 가령 우드콕과 같은 정통 아나키스트가 절대로 아나키스트로 보지 않는 사상가들인 아리스토텔레스Aristoteles, B.C.384~B.C.322, 르네 데카르트, 장 자크 루소Jean Jacq-ues Rouseau, 1712~1778, 이마누엘 칸트Immanuel Kant, 1724~1804, 데이비드 흄David Hume, 1711~1776, 존 스튜어트 밀John Stuart Mill, 1806~1873, 카를 빌헬름 훔볼트Karl Wilhelm Humboldt, 1767~1835, 루돌프 로커 같은 사상가들을 중요한 아나키스트 사상가로 보기 때문이다. 그리하여 계몽운동과 고전 자유주의가 추동한 진보적인 사회 변화의 바탕에는 아나키즘의 핵심 요소들이 자리 잡고 있음을 밝혀낸다.

촘스키에 의하면 아리스토텔레스는 다양한 형태의 제도를 평가한 뒤 민주주의가 가장 덜 나쁜 제도라는 결론에 이르렀다. 하지만 그는 민주주의를 구성하는 단위들이 상대적으로 평등하지 않으면 민주주의는

촘스키는 세계를 무대로 반제국주의 활동을 하는 유일무이한 사람이다. 2003년 세계사회포럼World Social Forum에서 연설하고 있는 촘스키.

제대로 작동하지 않는다면서 아테네를 위한 구체적인 복지 대책을 주장했다.(『촘스키, 점령하라 시위를 말하다』, 87쪽)

촘스키의 언어관은 데카르트의 합리주의에 근거하는데, 그의 아나키즘도 데카르트의 합리주의에서 비롯한다. 촘스키는 17세기의 과학혁명과 18세기의 계몽주의에서도 아나키즘의 뿌리를 찾을 수 있다고 보았다. 또한 데카르트의 철학을 사회정의의 철학으로 바꾼 루소의 사상에서 촘스키의 정치관은 비롯한다. 제도에 도전하고 제도의 지배를 거부하라고 주장한 루소의 『인간 불평등 기원론』(1755)과 마찬가지로 촘스키도 우리 삶의 모든 곳에 스며든 권위와 계급과 지배 등의 구조를 철저히 파헤쳐야 하며, 자유를 확대하기 위해 그 구조를 파괴해야 한다고 주장했다.

촘스키가 자식에 대한 부모의 지배도 붕괴해야 할 권위 구조의 하나라고 본 점도 루소의 『에밀』(1762)에서 영향을 받은 것이라고 볼 수 있다. 『에밀』로 인해 프랑스를 떠나 영국에 망명한 루소가 흄을 만나

교류했듯이 촘스키는 흄이 『정부의 원리Of the Origin of Government』에서 설파한 권력은 언제나 지배자의 편이고 그것이 여론이라고 한 것을 인용했다. 이는 촘스키의 『여론 조작』(1988)의 기본 사상이 되었다.

촘스키가 아나키즘의 선배로 모시는 사람 중에서 가장 놀라운 사람은 애덤 스미스Adam Smith, 1723~1790다. 스미스를 자본주의의 선조로 모시는 사람이 많지만, 촘스키는 자본주의에 반대한 인물이라고 본다. 촘스키는 스미스가 평등을 위해 노력했으며, 어떤 사회도 분업의 파괴적인 영향을 이겨낼 수 없다고 비판하는 등 오늘날 '신자유주의'라고 불리는 것의 핵심에 반대했다고 본다. 스미스는 중상주의와 식민주의가 인민에게는 일반적으로 해롭지만, 국가정책의 중요한 설계자인 상인과 제조업자에게는 큰 이익이 된다고 비판했다.

촘스키는 자본주의에 관해서도 애덤 스미스가 『국부론』(1776)에서 서술한 그대로의 자본주의, 즉 순수하고 공정한 자본주의(시장경제를 통해서 인류 모두가 평등해질 수 있는 자본주의)에 대해서는 동의한다고 말했다. 하지만 거대 자본이 언제나 정치권력을 장악하기 때문에 그런 자본주의는 존재할 수 없다고 비관적으로 바라보았다.

촘스키의
고전적
자유주의

———————

촘스키는 아나키즘의 전통을 계몽운동과 고전적 자유주의에서 찾는다. 그것을 설명하기 전에 우선 촘스키가 말하는 4가지의 이념형 이데올로기에 대해 살펴보자. 고전적 자유주의Classical Liberalism, 자유지상주의적 사회주의Libertarian socialism, 국가사회주의state socialism, 국가자본주의state capitalism가 그것이다.

　　자유지상주의적 사회주의는 좌파 마르크스주의에서 아나키즘까지, 국가사회주의는 볼셰비즘, 국가자본주의는 현대 복지국가 이념을 말한다. 국가사회주의와 국가자본주의는 퇴행적이고 부적절한 사회 이론으로 현대의 많은 문제는 그 둘이 현대 산업사회와 양립하지 못하고 부적합하다는 데서 나온다고 비판한다.

촘스키는 마르크스와 달리 니콜라이 레닌Nikolai Lenin, 1870~1924과 레온 트로츠키Leon Trotskii, 1879~1940에 대해서는 그들이 20세기 사회주의를 파멸로 몰아넣은 최악의 적이라고 극단적인 비판을 했다. 그들이 권력을 잡기 전에 러시아에 등장한 사회주의 조직과 민중 조직을 철저히 파괴했으며, 그것을 사회주의라는 이름으로 자행했다는 이유에서다. 그들이 제도화하고 이후 스탈린에 의해 극악무도한 체계로 변질된 반사회주의적 폭정이 사회주의가 되었다는 것이 촘스키의 생각이다.

개인과 사회의 삶에 대한 최소한의 국가 개입만을 인정한 고전적 자유주의의 전형은 훔볼트다. 그는 독일 베를린대학의 설립자이자 프로이센(독일 통일 이전에 통일을 이끈 가장 강력했던 독일 지역 국가) 교육제도의 설계자다. 권위주의적 국가를 비판했던 그는 일반 언어학에 대한 위대한 이론가 중 한 사람이자 아나키즘의 가치를 가장 먼저 옹호한 사람이기도 했다. 그의 교육철학은 인간을 점진적으로 발달시키고 종으로서 인간뿐 아니라 개인으로서 인간 안에 존재하는 빌둥Bildung(형성)에 바탕을 둔다. 즉, 그는 모든 도덕적 교양은 오로지 직접적으로 영혼의 내적 생명에서 태동하고, 이는 인간성 안에서만 자극될 수 있으며, 외적이고 인위적인 장치에 의해서는 결코 생겨날 수 없다고 보았다.

제1인터내셔널에서 마르크스와 대적한 미하일 바쿠닌Mikhail Bakunin, 1814~1876은 국가가 규제하고 조절해 나누어주는 형식적인 자유를 거부했다. 그는 고유한 자연법칙에 의해 결정되는 제약 외의 어떤 제약도 없는 개인의 자유를 주장했다. 표트르 크로폿킨Pytor Kropotkin, 1842~1921은 상호 부조가 진화의 주된 요인이라면서 진화는 공산적인 아나키즘 사회로 자연스럽게 진행된다고 주장했다.

루돌프 로커의 아나키즘은 사회주의적 요소가 강

하다. 하지만 로커나 그의 영향을 받은 촘스키가 말하는 사회주의는 국가가 통제하는 체제를 뜻하지 않는다. 촘스키가 어려서부터 관심을 가졌고 자신이 직접 참여하기도 한 이스라엘의 키부츠나 유고슬라비아의 노동자평의회와 같이 자유로운 개인이 모인 연대 공동체, 즉 개인의 인격이나 자유를 침해하지 않고 모든 일을 함께 처리하는 공동체를 향한 이념을 뜻한다. 따라서 자유로운 개인들로 구성된 자치 공동체다. 이러한 공동체에서 자유는 행정의 순환 참여에 의해 보장되므로 당연히 행정을 담당하는 관료와 같은 계급은 존재할 수 없다.

촘스키의
행동
아나키즘

촘스키는 그의 아나키즘과 언어학은 완전히 별개라고 주장한다. 하지만 그의 언어학이 언어를 과학적으로 분석한 결론이듯이 그의 아나키즘 역시 모든 정치 이론을 과학적으로 분석한 결론이라는 점은 부정할 수 없다. 따라서 촘스키에게는 아나키즘도 과학이다.

사람들은 보통 아나키즘을 무정부주의라고 생각해 혼란과 폭력과 분열 등을 연상한다. 또 무정부주의자들이란 '기본적인 규칙도 없는 무질서한 사회'를 만들려는 헛된 꿈을 꾸는 몽상가들이라고 생각한다. 그래서 무정부주의가 촘스키 사상의 주요한 원천이라고 하면 '촘스키를 좀 안다'고 생각했던 사람들도 대부분 놀란다.

물론 정치에서는 이론보다 행동이 중요하다. 특히 촘스키는 프랑스 좌파가 난해한 이론으로 행동을 등한시한다는 점에 분노한다. 촘스키의 정치 담론은 언어학 이론과 달리 이해하기 쉽고 무엇보다도 행동을 촉구한다는 점에서 여타의 아나키즘과는 다르다. 게다가 그에게 아나키즘은 명백한 대안을 갖고 있는 정치 이론이다. 사람들은 아나키즘에 대해 이론으로서는 좋지만 실천은 불가능한 이야기에 불과하다고 말하지만, 이는 적어도 촘스키에게는 통하지 않는다.

언어학자로서 보편 문법을 연구한 촘스키는 인류가 모두 공통적인 이성을 가지고 있다고 말한다. 그렇기 때문에 이성을 가진 개개인, 나아가 사회와 국가 간의 갈등을 해소하는 것은 전쟁과 폭력이 아닌 대화와 소통이어야 한다고 믿는다. 개인의 영달을 위해서 인류를 탄압·학살하고 여론을 조작하는 정치권력과 자본에 대해 저항해야 한다고 역설한다.

촘스키는 『국가 이성을 위하여For Reasons of State』(1973)에 실은 「아나키즘 소고」에서 자신의 아나키즘을 아나르코생디칼리슴Anarcho-syndicalism이라고 부르면서 그것에 대해 상세히 설명한 뒤 모든 새로운 세대는 새로운 변화에 대응할 수 있는 새로운 사회 이론과 실천 방법을 개발해야 한다고 주장했다.

물론 촘스키가 과거의 선배들을 무시한 것은 아니다. 그가 언급한 선배들로는 피에르 프루동Pierre Proudhon, 1809~1865, 바쿠닌, 프랑수아 푸리에François Fourier, 1772~1837와 같이 아나키즘 역사에서 흔히 다루어지는 사람도 있지만, 다니엘 게랭Daniel Guérin, 1904~1988, 디에고 산티얀Diego Santillan, 1897~1983, 페르낭 펠루티에Fernand Pelloutier, 1867~1901, 마르틴 부버Martin Buber, 1878~1965 마르크스, 로커 등도 있다. 심지어 종래 아나키스트로 소개된 적이 없는 알렉시 드 토크빌Alexis de Tocqueville, 1805~1859, 안토니 파네쾨크Antonie Pannekoek,

1886년 5월 1일, 미국 시카고 헤이마켓 광장에서 노동자들과 그들의 가족, 아나키스트들이 집회를 열어 하루 8시간 노동을 주장했다. 아나키스트인 아돌프 피셔는 이 사건의 순교자다.

1873~1960, 아돌프 피셔Adolf Fisher, 1858~1887, 어거스틴 주히Augustin Souchy, 1892~1984 등도 포함되었다.

산티얀은 20세기에 아르헨티나와 스페인에서 활동한 아나키스트로 아나키즘 사회의 조직에 대해 자세한 계획을 세운 것으로 유명하다. 펠루티에는 1890년대의 아나르코생디칼리스트다. 피셔는 최초로 하루 8시간 노동을 요구한 1886년의 헤이마켓 사건의 순교자로 "모든 아나키스트는 사회주의자이지만 모든 사회주의자가 반드시 아나키스트는 아니다"라고 했다.

인류의 역사를 통해서, 특히 자본주의의 도래 이후 거대한 사유 자본과 기업들은 끊임없이 정치권력을 통제하고 불평등을 시스템화하면서 부를 증폭시켜 나갔다. 정부가 거대한 자본을 억압하는 것을 반대하며 '신자유주의'를 외쳤지만, 결국 신자유주의자들이 진정으로 바라는 것은 정부의 억압에서 벗어나는 것이 아니라 정부를 억압하고 조종해 자신들의 이익을 최대화하는 것이다. 촘스키는 지배의 악순환에서 벗어

나기 위해서는 노동자와 시민이 모여 정치권력과 자본 권력에 저항해야 한다고 역설한다.

비록 아나키스트라고는 하지만 촘스키는 언제나 노동자들의 결속과 시민들의 필수적인 생활에 대한 지원과 보장, 즉 의료보험과 복지 등의 필요성을 주장했다. 그래서 그의 정치사상을 자유지상주의적 사회주의라고 보는 게 더 정확할 수 있다는 견해도 있다. 촘스키도 자유지상주의자라고 잘 알려진 론 폴Ron Paul과 자신을 비교했을 때 자신은 자유지상주의적 사회주의에 더 가깝다고 말했다. 즉, 촘스키는 우익 아나키즘이나 자본주의 아나키즘에 가까운 미국의 리버테리언 Libertarian 또는 리버테리어니즘Libertarianism을 지지하지는 않는다.

촘스키는 아나키즘에 대한 회의론에도 적극적으로 대처해왔다. 가령 영국 철학자인 마틴 홀리스Martin Hollis, 1938~1998가 아나키즘은 인간 본성이 선하다는 조건이 충족되어야 가능하고 아나키스트들은 인간 본성에 대해 지나치게 낙관적인 시각을 가지고 있는데,

역사는 그것을 믿을 수 없음을 보여주기 때문에 아나키즘은 지나치게 이상적인 것이라고 비판했다. 이에 대해 촘스키는 인간은 그 본성에 대해 잘 알지 못하므로 그것에 대해 말하는 것은 의견에 불과하고, "진실이 무엇이든 간에 우리는 일관된 방향, 즉 자유와 정의, 참여와 민주주의를 극대화하는 방향으로 나아가야"(『촘스키, 점령하라 시위를 말하다』, 89쪽) 한다고 주장했다.

오웰과
러셀

촘스키가 가장 존경하는 사람은 영국의 소설가인 조지 오웰George Orwell, 1903~1950과 철학자인 버트런드 러셀이다. 촘스키는 오웰의 『카탈로니아 찬가』(1938)를 읽고 바르셀로나에 대한 글을 쓰려고 했다. 이 책은 오웰이 스페인 시민전쟁에 참전해 쓴 책인데, 이 책에서 오웰은 아나키스트를 비롯한 시민군을 소련군이 파시스트로 규정하고 죽이는 과정을 그렸다. 그 뒤 오웰이 쓴 공산주의 비판서인 『동물농장』(1954)도 촘스키는 좋아

촘스키는 MIT의 연구실에 러셀의 사진을 걸어놓았을 정도로 러셀을 존경했다. 러셀은 촘스키의 롤 모델이었다.

했다.

오웰의 책을 주로 낸 출판업자 프레드릭 존 와버그 Fredric John Warburg, 1898~1981는 촘스키의 아나키즘 형성에 처음으로 기여한 아나키스트 로커의 책도 출판했다. 촘스키가 로커의 책을 읽은 것은 그 때문인지도 모른다. 사실 로커는 아나키즘 세계에서 그다지 중요한 인물이 아니다. 오웰과 촘스키를 이어준 또 한 사람은 드와이트 맥도널드였다. 그는 1944년부터 1949년까지 잡지 『폴리틱스』를 간행했는데, 대학생 시절 촘스키는 그 잡지의 애독자로 거기에 가끔 실린 오웰의 글을 읽었다.

오웰은 인도의 마하트마 간디Mahatma Gandhi, 1869~1948를 높이 평가했으나, 촘스키는 식민지 인도의 참혹한 역사에 대해서는 자주 언급하면서도 간디에 대해서는 말한 적이 거의 없다. 촘스키는 데이비드 바사미언 David Barsamian과의 대담에서 간디의 촌락 개발, 자기 계발, 공동의 프로젝트 등을 긍정적으로 평가하면서도 비폭력에 대해서는 그것이 절대적인 원칙이 될 수는 없다고 말했다.

촘스키가 MIT의 연구실에 사진을 걸었을 정도로 존경하는 사람은 러셀이다. 그는 철학자이자 수학자이지만 동시에 정치적 행동주의자라는 점에서 촘스키의 롤 모델이었다. 러셀과 마찬가지로 촘스키도 더 나은 세상을 만들기 위한 '상식'의 중요성을 역설했다.

촘스키는 러셀이 1970년에 사망하자 한 해 뒤인 1971년 초 케임브리지대학에서 두 차례에 걸쳐 추모 강연을 했다. 강연집의 원저 서명은 『지식과 자유의 문제: 러셀 강연』이지만 번역서 서명은 처음에는 『세계를 해석하는 것에 대하여 세계를 변화시키는 것에 대하여』(2003)였다가 뒤에는 『촘스키, 러셀을 말하다』(2011)로 바뀌었다. 이 책의 서문을 쓴 에두아르도 갈레아노Eduardo Galeano, 1940~2015는 '네가 가진 불꽃을 세상 끝까지 퍼뜨려라'라는 뜻의 주문인 「아브라카다브라」라는 제목 아래 다음과 같이 말했다.

"그는 길들여진 지식인, 길들여진 수많은 가짜 지식인들 무리의 일원이 아니다. 자신의 강한 정신력을 다해 이 위험한 검은 양은 만연한 무지를 일깨우고, 민주주의란 이름으로 전 지구적인 사기를 치고 있는 강대국의 위선을 까발리고 있다."(『촘스키, 러셀을 말하다』, 7~8쪽)

촘스키는 러셀을 아인슈타인과 비교하면서 두 사람 모두 인류의 위기를 알았지만, 아인슈타인이 대학에 칩거한 반면 러셀은 치열하게 현실 참여를 했는데 전자는 성인 취급을 받지만 후자는 욕설과 비난을 받았다고 했다. 나아가 러셀에게도 아나키스트로 볼 수 있는 측면이 있었다. 나도 러셀을 좋아하지만 그가 우생학을 숭배했고 아프리카에서는 민주주의가 불가능하다고 보았을 정도로 인종주의적인 측면을 가졌음에도 그런 점을 촘스키가 비판하지 않는 점에 대해서는 유감을 갖고 있다.

미디어와
교육
통제

촘스키는 아나키즘의 진실을 알리는 데 그치지 않고,
아나키스트의 관점에서 현대자본주의 사회의 여러 가
지 문제점을 비평한다. 여느 아나키스트들과 마찬가지
로, 촘스키는 개인의 자유를 억압하는 국가권력과 그
국가권력을 떠받치고 있는 허울 좋은 대의 민주주의
와 선전 체제를 비판한다. 그리고 시대 변화에 따라 더
욱 유연해지고 교활해지고 있는 '민간 폭정 체제'를 구
성하는 자본 권력과 지식인 사회를 비판한다.

특히 촘스키는 개인이 지배계급에 의해 조작당하고 농락당한다고 본다. 특히 자본주의하에서 전문가 계급specialized class은 민중이 그들의 운명과 직결된 일에 간섭하지 못하도록 차단하고 정보 수단을 엄격하게 관리하고 있다고 지적한다. 그 중요한 수단의 하나가 텔레비전이다. 비전문가 계급은 하루 종일 텔레비전 앞에 멍청하게 앉아서 그 속에 나오는 부유한 자들처럼 사는 게 삶의 유일한 가치라는 메시지를 평생 세뇌당하며 산다는 것이다. 바로 여론 조작이다.

촘스키 저서의 제목이기도 한 개념인 여론 조작은 정치권력과 자본이 자신의 지속과 확대를 위해 언론Media과 정보를 조작하는 시스템을 말한다. 마찬가지인 『필연적 환상』(1989)은 보통 사람들에게 진실을 알려주기보다 필연적 환상과 감상적인 단순화를 심어주는 것을 말한다.

촘스키와 허먼에 의하면 지배계급은 뉴스 필터news filter로 구성되는 선전 모델propaganda model을 사용해 여론을 조작한다. 첫 번째 뉴스 필터는 매스미디어의 규모와 소유권과 이익의 추구다. 매스미디어 기업의 존재 이유는 이익 추구이고, 따라서 미디어 소유권은 소수의 거대 기업에 집중되며, 그 구조에서도 영향력이 큰 미디어가 있다. 이를 중층 효과tiering effect라고 한다. 즉, 소수의 미디어가 광범위한 지역에 서비스를 제공하면서 최고의 권위를 누리고 대형 미디어 기업이 군소 미디어 기업에 뉴스를 제공한다는 것이다. 나아가 대기업은 인터넷을 통해서 네티즌들을 소비 기계로 전락시킨다.

두 번째 뉴스 필터는 광고다. 광고주는 뉴스를 왜곡시키고 신문사로 하여금 노동자에게 등을 돌리게 만들어 결국 신문을 만들지 못하게 한다. 세 번째 뉴스 필터는 뉴스의 출처로 정부나 대기업이 신뢰할 수 있는 출처가 됨으로써 여론을 조작한다. 네 번째 뉴스 필터는 미디어를 훈련시키는 도구인 플랙flak과 협박자들이다.

미디어가 여론을 조작하는 방법은 그 밖에도 많다. 그중 하나가 선별적 사고selective perception로 대중

VOL. CI.. No. 26,000

MANUFACTURING CONSENT

The Political Economy of
the Mass Media

By EDWARD S. HERMAN
and NOAM CHOMSKY

With a new introduction by the authors

YORK—Contrary to the usual image of the
nkerous, obstinate, and ubiquitous in its search for

여론 조작은 정치권력과 자
본이 자신의 지속과 확대를
위해 언론과 정보를 조작하
는 시스템을 말한다. 촘스키
의 『여론 조작』.

이 알아서는 안 된다고 판단한 것을 알리지 않는 것이다. 또 하나는 텔레비전의 황금 시간대에 맞추어 사건을 기획하고 집행하는 것이다.

촘스키는 미국과 여론 조작, 신자유주의에 대한 종합적인 비판으로, 20세기 후반 신자유주의의 대두와 함께 국가-거대 자본-언론의 거대한 연합체가 정치권력과 세계를 장악해 나가면서, 언론을 통해 대중의 동의를 조작해 인류를 계속해서 분열시키고 소외시키고 있다고 지적한다.

이에 대한 치료 방법으로 촘스키가 중시한 것은 교육이다. 촘스키는 『촘스키, 세상의 물음에 답하다』(2002)에서 언론 통제를 들어 교사의 본분에 대해 말한다.

"교사는 학생들 스스로의 힘으로 세상을 탐구하도록 가르쳐야 한다. 예를 들어, 언론이 조작과 통제의 목적으로 어떤 이슈를 형성하고 그 한계를 설정하는 실태를 학생 스스로 직접 알아낼 수 있도록 도와주어야 한다. 언론이 어떻게 작동하는가에 대하여 장황한 이론을 늘어놓는 것은 학생들이 세상을 있는 그대로 파악하는 데 도움이 되지 않는다. 교사가 먼저 해야 할 일은 구체적인 사례들을 제시하는 것이다."(68~69쪽)

촘스키는 『실패한 교육과 거짓말』(2000)이라는 저서가 있고 교육에 대해 많은 발언을 했지만, 교육학 자가 아니며 교육학을 전문적으로 연구한 적도 없다. 그러나 미디어 통제와 같은 방식으로 교육 통제가 이루어졌음을 비판하고 학생의 자율성을 확보해주는 새로운 교육을 주장했다. 이런 점에서 보자면 교육이야말로 그의 아나키즘이 가장 잘 구현된 영역이라고 할 수 있다. 그는 『실패한 교육과 거짓말』에서도 바람직한 교육에 대해 말한다.

"중요한 사건이나 현상에 대하여 능력껏 진실을 찾아내어 그 진실을 필요로 하는 사람들에게 정확히 알려주는 것은 도덕적 명령이다."(38쪽)

"정직을 사명으로 생각하는 교사의 책임은 무엇보다 진실을 말하려 노력하는 자세에 있다." "학생들을 단순한 대상이 아니라, 우리가 건설적으로 참여하기를 소망하는 공통의 관심사를 지닌 공동체의 일원으로 생각해야 하며, 학생들에게 일방적으로 말하지 말고 더불어 말할 수 있어야 한다." "교사가 학생의 학습을 돕는 최선의 방법은 학생 스스로 진실을 찾도록 일깨워주는 것이다. 그리고 교사는 학생들에게 거짓과 진실을 판별할 능력을 길러주어야 한다."(39쪽)

"교사의 의무는 학생들이 진실을 발견하도록 도와주는 것이지, 학교에 관한 정책을 입안하고 설계하고 결정하는 부와 권력을 쥔 집단을 당혹스럽게 만들 수 있는 정보를 감추고 통찰력을 억누르는 것이 아니다."

촘스키는 『촘스키, 세상의 물음에 답하다』에서 현재의 학교를 비판한다.

"학교는 질서와 명령을 포상하고 독립적인 정신을 처벌한다."(222쪽)

"학교는 학생을 복종과 순응으로 길들이고 세뇌당한 통제 가능한 시민으로 양성하는 것으로 그 역할을 수행하고 그 대가로 제도권으로부터 후원을 받는다." "학교가 경쟁을 강조하고 부추기는 것은 학생을 통제

하는 최선의 방법이기 때문이다."(225쪽)

촘스키의 이러한 교육론은 학생의 자율성과 비판적 사고, 협동 정신을 무시한 채 지식 위주, 입시 위주, 성적 위주, 학벌 위주, 출세 위주, 개인 위주로 흐르고 있는 우리 교육에 경종을 울린다.

촘스키의
정치적
강연

촘스키의 정치적 강연은 주로 그날 아침의 뉴스를 소
재로 하여 시작된다. 그는 매일 아침 식사를 하면서
5개 신문을 읽는다. 미국 주류 신문이니 보수 일색이
지만 열심히 읽는다. 나도 미국에 살 때에는 그랬다.
그러나 촘스키를 좋아하는 나지만 우리나라 주류 신
문들은 보수가 아니라 극우 신문이라고 생각되어 읽
지 않는다. 한국의 진보 신문은 미국의 보수 신문과 비
슷한 수준이다.

촘스키는 신문을 읽고 그의 사상을 형성했다. 촘스키의 정치적 저술에서는 주로 신문 기사가 자기주장을 증명하는 자료로 원용되는데, 촘스키가 그것을 정확하게 인용하는 것은 매일 아침 신문을 꼼꼼히 읽는 습관에서 비롯된 것이라고 할 수 있다.

촘스키의 제국주의 비판은 단적으로 미국 비판이다. 사회운동가와 정치철학가로서 촘스키의 60년 넘는 세월의 행보를 단 한마디로 정리한다면 바로 '미국 비판'이라고 할 수 있다. 인류 평화에 대한 최대의 위협은 바로 미국이라는 것이 촘스키의 한결같은 주장이다.

오늘날 뉘른베르크 재판의 법을 그대로 적용한다면, 제2차 세계대전 이후의 모든 미국 대통령은 재판을 받아야 할 것이라고도 말한다. 촘스키는 마키아벨리적 정치관으로 전 세계 여러 국가의 내정에 간섭하고 전쟁을 일으키는 모든 미국의 행보가 국제정치적 긴장을 악화시키고 결국에는 인류와 진정한 의미에서 평화와 민주주의를 끊임없이 위협한다고 비판한다.

그러나 역사를 더 거슬러 오르면 미국은 1600년 대에 매사추세츠에서 무방비 상태의 피쿼트Piquot 원 주민을 살육한 것에서부터 그러했다. 촘스키는 미국을 전 세계 공업국 중 가장 탈정치화된 국가이자, 가장 뿌리 깊게 교조화된 사회이며, 기득권의 질서에 가장 잘 순응하는 지식 계급을 보유한 나라라고 본다.

미국이 자신의 모든 행동을 정당화하는 방식은 바로 "내가 하기 때문"이라고 본다. 다른 나라의 내정에 개입하고, 민주적으로 선출된 지도자를 암살하고, 쿠데타를 유발하고, 사람을 납치하고 고문하며, 재판 없이 처형하고, 전쟁을 일으켜 침공하고, 국제적으로 약속된 조약을 무단으로 파기해도, '미국의 이익'이기 때문에 정의로운 것이라고 주장한다는 것이다. 그래서 다른 나라가 미국을 공격하는 것은 '테러리즘'이지만, 미국이 다른 나라를 공격하는 것은 '역테러리즘Counter-terrorism'이라는 말도 하는 것이라고 비판한다. 촘스키는 이라크 전쟁을 21세기에 발생한 최대의 전쟁 범죄라고 주장한다. 촘스키는 미국을 가리켜 국제 규범을

지키지 않는 '불량 국가_{rogue state}'라고 말한다.

미국의
권력과
새로운
관료들

———————

촘스키의 최초 정치 평론집인 『미국의 권력과 새로운 관료들American Power and the New Mandarins』(1969)은 아직까지 우리말로 완역되지 못하고 있지만, 촘스키의 정치관을 가장 선명하게 보여준 책이다. 그 첫 번째 글인 「객관성과 학문의 자유」에서 촘스키는 미국의 외교정책을 좌우하는 새로운 관료들이 지식인과 전문가인 체하면서 미국에 도전하는 세력을 모든 수단을 동원해 물리쳐야 한다고 주장하고 있다. 또 그 여파로 객관성과 학문의 자유를 주장하는 학자들은 정부 정책을 옹호하는 데 급급하고 있다고 비판했다.

이어 두 번째 글에서 그는 미국의 외교정책은 제국주의 성향이라고 비판하고 베트남전쟁을 벌인 미국을 1930년대 중국을 침략한 일본과 비교했다. 이어 베트남전쟁을 다룬 3~4장에서는 도미노 이론에 사로잡힌 미국의 외교정책으로 인해 베트콩은 스탈린식 방법을 택할 수밖에 없었다고 보았다. 그는 아서 슐레진저Arthur Schlesinger, 1917~2007 등이 미국의 외교정책은 잘못되었지만 도덕적으로는 옳다고 보는 것도 본말전도라고 비판했다. 요컨대 "제3세계의 발전 방향을 미국이 일방적으로 강제로 결정할 권리는 없다"는 것이다.

미국은 제2차 세계대전 당시, 일본의 인도차이나 침공이 끝난 뒤 베트남을 재정복하려는 프랑스의 시도를 지지했다. 1954년 제네바 회담은 인도차이나에 대한 프랑스의 통제를 끝냈으나, 미국은 남부 베트남에 테러 정권을 세워 그것을 와해시켰다. 6~7만 명을 죽인 남부 베트남 정권이 위기에 처하자 존 F. 케네디John F. Kennedy, 1917~1963 대통령은 1962년에 인구의 80퍼센트 이상이 사는 남부 베트남의 농촌 지역을 공격하기 위해 미국 공군을 급파하고, 수백만 명의 베트남 국민을 철조망과 초병으로 둘러싸인 강제수용소로 이주시켰다. 이어 1965년에 지상군을 상륙시키고 이후 10년간 전쟁을 계속했다.

1965년 이전에 베트남전쟁에 대해 문제를 제기한 미국인은 거의 없었다. 1965년 이후에도 전쟁에 항의하는 것에 대해서는 극단적인 적대감이 범사회적으로 존재해 시위대에 대한 폭력은 언론에 의해 찬양되기도 했다. 촘스키는 이 책이 나온 지 1년 후인 1970년에 하노이를 방문해 그곳에서 강연을 했다. 당시의 사정은 『아시아와의 전쟁At War with Asia』(1971)에 상세히 언급되었다.

이 책에서 촘스키는 미국은 전쟁의 목표를 이루었고, 기업의 압력에 의해 전쟁을 그만두었다고 주장했다. 반면 미국 정부는 내부의 적 때문에 미국이 패했다

미국의 외교정책은 제국주
의 성향이라고 비판한 촘스키
는 베트남전쟁을 벌인 미국을
1930년대 중국을 침략한 일
본과 비교했다. 미국의 폭탄에
의해 부상당한 베트남 사람들
을 위한 의약품 원조의 필요성
을 호소하는 포스터.

고 주장하면서 내부의 적을 찾기 시작했다. 내부의 적으로 찍힌 대표적인 인물이 촘스키였다. 그는 언론이 억압적 선전의 기계로 타락했다고 비판하기 시작했다.

그리고 대안 언론으로 협동조합식 출판 사업을 시작했다. MIT 학생회장 출신인 마이크 앨버트Mike Albert가 사우스엔드프레스South End Press 출판사와 온라인으로 운영되는『제트 매거진Z Magazine』을 세웠다. 촘스키의 글이 그 두 곳에 자주 실렸다.

닉슨 행정부는 1969년부터 4년 동안 캄보디아를 폭격했다. 이때 투하된 폭탄은 제2차 세계대전 때 일본에 투하한 양의 3.5배에 이르렀고 그 결과 60만 명의 캄보디아인이 죽었다. 그러나 미국은 아무런 효과를 거두지 못했고 좌익 무장 세력인 크메르루주Khmer Rouge의 인기만 높였을 뿐이다. 이에 대해 미국 언론은 철저히 침묵해 '비밀 전쟁'으로 알려졌다.

촘스키와 허먼은 이 사건을 다룬『반혁명적 폭력: 대학살의 진상과 선전Counter-revolutionary violence: Bloodbaths in Fact and Propaganda』을 썼다. 이 책의 출간

준비는 1973년에 끝났지만 출판사의 반대로 출판되지 못하고 1979년 『인권의 정치경제학』이라는 제목으로 사우스엔드프레스에서 나왔다. 이 책에서 저자들은 미국의 대량 학살은 정당화하고 적의 대량 학살은 철저히 비난하는 주류 언론의 이중성을 비판했다.

촘스키와 허먼은 『인권의 정치경제학』 제2권에 「캄보디아: 왜 언론은 인도네시아와 동티모르보다 캄보디아의 보도 가치가 크다고 보는가」라는 제목의 글을 실었다. 이 글에서 저자들은 인도네시아에서 자행된 만행이 크메르루주 최고사령관 폴 포트Pol Pot, 1928~1998의 학살 못지않은 데도 언론의 태도가 다른 이유가 무엇인지를 분석했는데, 크메르루주에 의한 민간인 학살과 고문을 정당화하고 왜곡했다는 비판을 받았다. '멋모르는 촘스키가 학살자 폴 포트에게 면죄부를 주려고 한다'는 비난이었다. 베트남의 베트콩과 레바논의 헤즈볼라Hezbollah 학살에 관한 비판에 대해서도 같은 비판이 제기되었다.

인도네시아와
동티모르의
분쟁

─────────

아시아 문제에 대한 촘스키의 관심은 1975년 인도네
시아가 동티모르를 침략했을 때에도 나타났다. 『인권
의 정치경제학』에는 동티모르 사태가 언급되어 있다.
동티모르는 오스트레일리아 북쪽으로 420킬로미터
떨어진 말레이군도에 속한 섬이다. 원유를 매장하고
있고 남쪽으로 미국 잠수함이 정기적으로 순항하는
해로海路가 있다. 1975년 인도네시아가 강제 합병하기
전까지 동티모르는 포르투갈의 식민지였다.

　　제2차 세계대전이 끝난 뒤 인도네시아는 네덜란

드에서 독립하고 수카르노Sukarno, 1901~1970의 지도로
공화국을 수립했다. 민족주의자인 수카르노를 싫어한
미국은 1957~1958년에 정부를 전복시키고자 한 군
사 반란을 후원했으나 실패했다. 그러자 미국은 10년
간 인도네시아 군부를 지원해 1965~1966년 군사쿠
데타를 통해 수하르토Suharto, 1921~2008가 권력을 잡게
했다. 당시 피살된 사람은 100만 명에 이르렀다.

1975년의 동티모르 침략 당시 미국은 인도네시
아에 무기의 90퍼센트를 제공하고, 중동의 이스라엘
처럼 오스트레일리아를 앞잡이로 내세웠다. 제2차 세
계대전 당시 오스트레일리아를 침략한 일본인과 싸워
동티모르인 6만 명이 죽었지만, 오스트레일리아는 동
티모르가 인도네시아의 일부라고 인정했다. 그런 배신
의 대가로 오스트레일리아는 티모르해海에서 석유와
가스를 채굴하는 권리를 얻었다. 1991년 동티모르가
독립하려고 하자 인도네시아군은 잔인하게 티모르인
들을 살해했다.

촘스키는 동티모르 위기를 다루기 위해 1979년에

리스본에서 처음 열린 국제회의에 참석했으며, 1980년에도 리스본에서 동티모르 난민들을 만났다. 1982년에 쓴 『신냉전을 향하여Towards a New Cold』에서도 동티모르 사태를 언급했다. 1995년에는 동티모르 구호 협회East-Timorese Relief Association, FTRA와 '저항을 위한 동티모르 국가평의회National Council for East Timorese Resistance, CNRT'의 초청으로 9일간 오스트레일리아를 방문해 강연하고 집회에 참석했다. 그 강연들은 1996년에 『권력과 전망Powers and Prospects』으로 출간되었다. 오랜 투쟁 끝에 동티모르는 2002년에야 독립을 할 수 있었다.

남미에
대한
미국의
만행

미국은 쿠바처럼 공산화의 조짐이 조금이라도 보이면 즉각 어떤 희생을 치르고서라도 막으려고 했다. 1973년 미국은 칠레에서 진보적 대통령이었던 살바도르 아옌데Salvador Allende, 1908~1973를 살해한 군부를 지원했다. 당시 칠레의 공산국가화를 방관할 수 없다고 했던 헨리 키신저Henry Kissinger의 망언은 1980년대 로널드 레이건Ronald Reagan, 1911~2004 정권과 함께 부활해 니카라과와 엘살바도르로 향했다.

촘스키는 라틴아메리카에서 저질러진 미
국의 만행을 비판하고, 그곳으로 달려가
민중과 조직을 지원했다.

니카라과에서 혁명으로 탄생한 산디니스트 Sandinist 정권을 쿠데타를 통해 전복한 콘트라Contra-revolucionario(반혁명분자)는 CIA에서 훈련을 받고 군사 장비까지 지원받아 가톨릭 해방신학자들과 수녀들을 탄압했다. 레이건은 콘트라 반군을 '자유의 투사'라고 찬양하고 미국 건국의 아버지들에 비교했다. 1986년 미 군수품을 싣고 가던 비행기가 격추되고 미군 조종사가 체포되자, 미국 정부는 법을 위배하고 이란에 무기를 판 돈으로 콘트라에 군사 원조를 했다고 고백했다.

촘스키는 중앙아메리카에서 저질러진 미국의 만행을 비판했을 뿐만 아니라 그곳으로 달려가 민중과 조직을 지원했다. 1985년 1주일간 연속으로 강연한 것이 1987년에 『권력과 이데올로기: 마나과 강연On Power and Ideology: The Managua Lectures』으로 출간되었다. 이 강연에서 촘스키는 눈물을 흘리면서 "150년 전 시몬 볼리바르Simón Bolívar는 '미국은 자유의 이름으로 우리 대륙을 괴롭히고 고문하는 듯하다'고 말했다"고 하면서 미국의 부당한 개입을 규탄했다.

미국의 외교정책은 1983년 그라나다 같은 소국의 침략으로, 2005년 조지 W. 부시가 '악의 축'으로 지목한 이라크와 이란과 북한에 대한 정책으로, 2006년 베네수엘라의 차베스 정권과 브라질의 룰라 다 실바Lula da Silva 정권에 대한 탄압으로 이어졌다.

그런데 촘스키는 남미에 대해 여느 아나키스트들과는 다른 주장을 펼쳤다. 로커를 비롯한 상당수 아나키스트들이 종교를 부정하는 것과 달리 그는 남미에서 가톨릭은 나치를 반대한 교회와 마찬가지로 파시즘에 대항할 수 있다고 주장하며 1979년부터 지금까지 가톨릭교회의 해방신학을 지지해왔다.

그러나 이는 바티칸과 가톨릭, 프로테스탄트 교회가 나치를 지지한 것을 무시한 것이다. 사실 남미에서도 1978년 요한 바오로 2세Pope John Paul II, 1920~2005가 교황이 되면서 사태는 악화되었다. 반면 촘스키는 「중앙아메리카: 다음 단계Central America: The Next Phase」 (1988)에서 사태 악화의 근본 원인을 미국으로 돌렸다.

촘스키의 이러한 태도는 나치 독일에 대해서도 적

용할 수 있다. 그러나 나치 독일에서 나치에 부역한 가톨릭처럼 남미에서 독재정권에 부역한 가톨릭의 역할에 대한 촘스키의 낙관주의에 대해서는 충분히 의문을 가질 수 있다. 촘스키는 이스라엘에서 유대교도의 광신적 태도를 비판하기는 했지만, 미국에 만연한 기독교 근본주의의 광신적 태도를 똑같이 비판하지는 못했다.

팔레스타인과
이스라엘의
분쟁

_____

촘스키는 유대인이고 따라서 팔레스타인과 이스라엘의 분쟁에 항상 관심을 가져왔다. 우리는 유대인이라고 하면 이스라엘에 무조건 충성한다고 생각하는 경향이 있지만 반드시 그렇지 않다. 촘스키는 어려서부터 팔레스타인 사람과 유대인이 하나의 국가에서 함께 살아야 한다고 생각하고 주장해왔다.

그의 부모나 친척들도 마찬가지였다. 그러나 그런 그들은 유대인 중에서 소수파였다. 1974년에 이스라엘이 팔레스타인 지역을 침략해 점령한 뒤 하나의 국가에서 함께 살 수 있는 가능성이 상실되고 2개 국가 건설이 유일한 방안이 되었지만, 모든 팔레스타인 사람의 추방을 원하는 이스라엘과 미국은 그것도 방해해왔다.

굳이 촘스키의 주장을 빌리지 않더라도 중동에 대한 미국의 태도는 우리에게도 명백하게 보인다. 미국의 중동 정책은 석유 에너지 자원을 자신이 통제하는 데 맞추어져 있고, 그 통제의 앞잡이가 이스라엘이다. 우리도 그것을 알고 있다. 그런데 촘스키는 세상에서 가장 위험한 분쟁 지구인 이스라엘 서안West Bank을 방문하고 군사 통행금지령을 수없이 어긴 점에서 우리와 다르다. 이곳에서 살해된 사람이 많았지만 촘스키는 태연히 다닌다.

이 지역에 대한 촘스키의 입장은 1983년에 쓴 『숙명의 트라이앵글』에 집약되어 있다. 유대인들은 대부분 그를 반유대주의자니 배신자니 배반자니 하고 욕한다. 이스라엘 사람은 아니니 매국노라는 말은 처음부터 있을 수 없지만 반민족적 인간이라는 비난은

가능하다. 촘스키도 이에 맞서 유대인 공동체가 파시즘에 젖었다고 비난하고 그들이 이스라엘의 최악의 적이라고 비판해왔다.

이스라엘의 팔레스타인 점령은 벌써 45년간 계속되고 있다. 내가 이스라엘에서 목격한 그 실태는 단순한 점령이 아니라 지극히 야만적인 점령이었다. 엄청난 높이의 장벽으로 막힌 그곳은 전혀 인간이 살 만한 곳이 못 된다. 그런 비인간적 점령은 미국의 지지 없이는 불가능하다. 미국은 지난 반세기 동안 외교적 해결을 방해하고 이스라엘을 군사적·재정적으로 지원해왔다. 팔레스타인은 2001년에 와서야 반격을 시작했다. 그전에는 이스라엘의 일방적 공격이었다. 근대 서양의 제국과 식민지의 관계를 그대로 반복한 것이었다. 제국주의는 끝나지 않았다.

세르비아
분쟁

1991년부터 분해되기 시작한 옛 유고슬라비아 연방의 하나인 세르비아는 유고슬라비아의 지역을 자기 지배하에 두려고 했다. 세르비아 남동쪽의 코소보는 그 주민의 90퍼센트 이상이 알바니아인으로 1946년부터 1989년까지 자치 지역이었으나 1999년 세르비아가 무력으로 점령했다.

그러자 미국과 영국의 주도하에 나토군 폭격기들이 3월에 무차별 폭격을 퍼부었다. 이는 그전과는 달리 주권 침해라는 특징을 보였다. 폭격에 대응해 세르비아는 인종 청소를 단행했고 그로 인해 대다수 알바니아인이 고향에서 쫓겨났다. 러시아가 세르비아에 원유 공급 중단을 위협하자 6월에 평화안이 수락되어 나토군이 코소보에서 알바니아인을 보호하게 되었다. 2001년 5월에 세르비아 대통령 슬로보단 밀로셰비치 Slobodan Milošević, 1941~2006가 전범죄로 기소되어 헤이그의 유엔전범재판소에서 재판이 시작되었다.

세르비아 분쟁에 대한 세계 여론은 나토군의 공격을 지지하는 것이었다. 가령 독일의 저명한 철학자 위르겐 하버마스Jürgen Habermas는 그것이 "고전적 국제법에서 세계 시민사회의 세계주의적 법률로 향해가는"(『전쟁이 끝난 후』, 49쪽) 것이라며 지지했다.

반면 촘스키는 에드워드 사이드Edward Said, 1935~2003 등과의 공저인 『세계의 지배자들?』(2000), 단독 저서들인 『불량 국가』(2000)와 『새로운 세대의 선언』(2011)에서 주권을 유린한 세르비아에 대한 개입을 비도덕적이라고 비판했으며, 서방에 알려진 밀로셰

비치의 죄상은 과장된 선전이었다고 주장했다. 그러나 이러한 주장에 대해서 도리어 과장된 것이라는 비판이 있다. 즉, 세르비아 공습에서 비군사적 시설을 목표로 한 적은 없고 무고한 시민들이 폭격으로 사망하기는 했지만 결코 시민들을 표적으로 삼지 않았다는 것이다.

9·11

촘스키의 『촘스키, 9-11』은 2001년 9월 11일부터 한 달 정도 인터뷰한 것을 모은 책이다. 이 책에서 촘스키는 부시 정부가 '상당한 억제(제7장)'를 하리라고 예상했으나 그 예상은 빗나갔다. 그 뒤 아프가니스탄 폭격이 행해졌기 때문이다. 이어 이라크, 이란, 시리아에 대한 공격이 가해졌다. 그 이유로 내세운 이라크의 사담 후세인Saddam Hussein, 1937~2006이 보유했다는 대량 살상 무기는 거짓말로 밝혀졌다.

촘스키는 9·11에서 희생된 미국인은 3,000명 정도지만 미군의 직접적 테러로 희생된 사람은 수십만 명에 이른다고 했다. 2001년 발생한 9·11로 붕괴된 세계무역센터.

촘스키는 2003년에 쓴 『패권인가 생존인가』에서 9·11에서 희생된 미국인은 3,000명 정도지만 미군의 직접적 테러로 희생된 사람은 서류상으로도 수십만 명에 이른다고 고발했다. 미국의 우익은 당연히 분노했고 이 책을 비난하는 주장들이 들끓었다.

『패권인가 생존인가』는 그런 반응을 예상한 듯 대중을 속이는 것, 즉 여론 조작이 모든 정부의 역할이라고 주장한다. 가령 이라크에서 대량 살상 무기가 발견되지 않자 미국은 그런 무기를 개발할 의도와 역량을 가진 국가를 공격하는 것이라고 뻔뻔하게 말을 바꾸었다. 이를 촘스키는 미국의 '고결한 의도'에 의해 국제법이고 뭐고 관계없이 미국 편에 서지 않으면 미국의 적으로 몰아세운다고 비난했다. 이는 제국주의의 식민지 점령과도 같은 논리다. 야만인을 위한 식민지 건설이므로 야만인들은 제국주의를 감사한 마음으로 받아들여야 한다는 것이다.

물론 미국이 모든 것을 좌우하는 일극 시대는 지났다. 미국-유럽-중국의 삼극 체제가 대두하고 있다.

보조금을 두고 미국과 유럽 간의 무역 전쟁이 터지고, 끝없이 수출하려는 중국을 미국은 불공정 무역이라고 비난해 자본주의 전쟁의 위험성은 점점 커지고 있다. 『패권인가 생존인가』의 마지막 제9장 「지나가는 악몽일까?」에서 촘스키는 옛 소련에만 4만 기의 핵무기가 부패한 권력자들에게 쥐어져 있건만, 미국은 무시해도 좋은 이란과 북한의 핵 위협에만 신경을 쓴다고 비판했다.

신자유주의를
비판하다

───────────────

촘스키는 신자유주의에 대해서도 분명한 반대의 목소리를 높였다. 그는 "독재, 전체주의, 제도의 폭력도 인간성을 파괴하나 대기업이 더 위험한 이유는 돈에는 국경이 없기 때문이다. 사기업은 시공간의 제약을 받지 않고 사적 이익을 추구할 뿐 인권, 평등 같은 단어들이 끼어들 틈이 없다"고 했다. 또 "신문 언론도 사기업화되어 광고주인 사기업의 이익을 대변해주고 사기업들은 광고로 언론의 이익을 보장함으로써 잘못된 이익의 먹이사슬을 형성했다"고 일침을 놓았다.

그의 어록 중에 사람들의 입에 자주 오르내리는 유명한 말이 있다. '부패한 정부는 모든 것을 민영화한다'가 그것으로, 원문은 이와 조금 차이가 있다. 『촘스키, 누가 무엇으로 세상을 지배하는가』(2001)에 실린 글은 다음과 같다.

"이 뻔뻔하고 부패한 정부는 우리의 고속도로, 교육, 보건 의료 시스템, 급수 시설 그리고 어쩌면 우리가 호흡하는 공기를 포함하여 어떤 것이든지 그리고 모든 것을 민영화하길 원한다."

그러나 촘스키를 비판해야 할 점도 있다. 가령 캄보디아의 크메르루주가 저지른 대학살이나 남미의 가톨릭이 독재정권에 봉사한 점 등에 대해 그가 소극적인 점은 비판받아 마땅하다. 촘스키는 궁극적으로 미국에 책임이 있다고 하지만 분쟁 지역의 정치인이나 종교인에게도 책임이 없는 것은 아니다. 그러나 2019년 쿠르드 지역에서 미군이 철수하는 것에 반대한 촘스키에 대해 비판하는 견해에는 찬성할 수 없다. 미군의 주둔이 쿠르드족 보호에 있었던 것이 아니라 미국의 이익 도모에 있었다고 해도 현실적으로 미군의 철수는 쿠르드족에 대한 억압을 초래할 것이기 때문이다.

촘스키의 미국 비판이 철저하지 못하다는 비판도 있다. 반면 촘스키의 비판을 어디까지나 대안이 있는 비판으로 보는 견해도 있다. 국제 문제만이 아니라 다른 문제, 가령 태양열과 같은 대체 에너지의 완성까지는 원자력이 필요하다는 그의 주장에 대한 찬반 논란도 있다. 홀로코스트를 부정했다는 이유로 프랑스 리옹대학에서 쫓겨난 로버트 포리송Robert Faurisson, 1929~2018을 표현의 자유라는 이름으로 옹호한 점에 대한 찬반 논란도 있다. 최근에는 박유하가 『제국의 위안부』에서 위안부 여성들의 명예를 훼손했다는 이유로 유죄 판결을 받자 이를 비판하며 박유하를 지지하는 성명서에 동참하기도 했다.

그러나 나는 일본 제국이 근로정신대 등 성노예 정책을 주도했다는 것을 부정하는 자들을 표현의 자유라는 이름으로 옹호할 생각이 없다. 프랑스와 달리 그런 자들이 한국에서는 대학에서 쫓겨나지 않고 무사히 정년퇴직까지 할 수 있을 정도로 표현의 자유가 확실히 보장되어 있기 때문이다(표현의 자유 일반이 그러한지에 대해서는 의문이지만).

이처럼 그런 논의를 소개하면서 나는 나의 입장을 분명히 밝혔지만, 이는 독자들에게 그런 입장을 강요하고자 하는 게 아니라 하나의 참고 자료로 제시하는 것에 불과하다. 이 책을 읽는 독자들은 스스로 비판적으로 판단하기 바란다. 촘스키가 무엇보다도 바란 것은 자신의 입장을 분명히 갖는 것이었고, 그것이 그의 아나키즘의 본질이다.

점령하라
운동

2011년 가을부터 2012년 봄까지 '점령하라' 운동은 행동 아나키즘을 실천한 중요한 사례였다. 이 시위 현장에서 촘스키는 당시에 사망한 하워드 진을 추모하는 강연을 했다. 우리나라에도 널리 소개된 진은 "이름 없는 사람들의 무수한 작은 행동"이 위대한 역사적 순간을 만든다고 보고 『미국 민중사』를 비롯한 여러 책을 썼다. 촘스키는 진의 그런 정신이 바로 '점령하라'의 그것이라고 주장했다. 그리고 '점령하라' 운동은 지난 30년

촘스키는 2011년 발생한 '점령하라' 운동이 신자
유주의에 반대하는 계급투쟁의 결과로 나타난 현
상이라고 했다. 2012년 4월 미국 하버드대학에서
'점령하라' 운동을 주제로 강연하고 있는 촘스키.

간의 신자유주의에 반대하는 계급투쟁이 결과로 나타
난 현상이라고 주장하면서 그 30년을 분석했다.

촘스키는 체제 변화의 방향과 기회에 대해 역설했
다. 촘스키는 그 사례로 뉴욕 시의회가 결의한 법인격
corporate personalhood의 철폐, 정치권이 기업의 돈을 받
지 못하도록 하는 개헌안, 군사비 삭감, 노동자에 의한
기업 인수를 포함하는 산업 민주주의 등에 대해 언급
했다. 그리고 오랜 노력과 투쟁이 필요하다고 주장했
다. '점령하라' 운동은 몇 달 만에 끝났고, 그 뒤 7년여
가 흐른 지금 어떤 성과가 있었는지 나는 정확하게 알
지 못한다.

그러나 촘스키가 무엇보다도 "먼저 우리는 어떤
개혁이든 이루어낼 수 있다는 확신을 가져야 합니
다. 마음먹기에 따라 누구나 혁명이라는 생각을 품을
수 있습니다. 그러나 실질적인 행동이 뒤따라야 합니
다"(『촘스키, 점령하라 시위를 말하다』, 80쪽)라고 말한 것
은 지금도 어디에서나 통하는 진실일 것이다.

지성의 비관주의와
의지의 낙관주의를
결합하자

2019년 2월 말 하노이에서 있었던 북미정상회담의 결렬에 관한 이야기로 이 책을 시작했다. 그날 나는 깊은 절망에 빠졌다. 그러나 촘스키는 달랐을지 모른다. 길고 긴 인류 역사의 관점에서 보면 그 하루는 물론이고 올해나 내년도 아주 짧은 시간일 뿐이라고 생각했을 것 같다. 오랜 세월에 걸쳐 이루어지는 인간의 지속적인 활동을 믿는 것이 바로 촘스키가 신명하는 태도의 근간이라고 한 말이 무엇보다도 소중하게 느껴지

는 것이 그에게서 배울 고마운 점이 아닐까? 이 말은
촘스키만큼 오랜 삶을 살면서 그처럼 생각하고 행동
한 일본의 철학자 쓰루미 슌스케鶴見俊輔, 1922~2015의 말
이다.

그렇게 오랜 인류의 역사를 살펴볼 필요도 없다.
지난 40~50년간 한국은 대단한 경제 발전을 이룩했
지만, 도덕은 더 피폐해졌다고 개탄하는 사람이 많다.
물질은 풍부해졌지만 정신은 빈약해졌다는 것이다. 그
래서 그 이전 사회, 심지어 소농 사회였던 조선시대로
돌아가자고 하는 사람들도 있다. 과연 그럴까? 나는
그렇게 생각하지 않는다. 나는 물질도 정신도 나아졌
다고 본다. 어느 정도 수준의 물질이 가능해져 정신이
나 도덕도 일정한 수준에 이르렀다고 생각한다. 물론
어느 것이나 충분하다는 것은 아니다.

미국 현대사에 대한 평가에서 누구보다도 박절迫切
한 촘스키이지만, 지난 40~50년간 미국도 약간은 문
명화되었다고 본다. 그사이 어떤 대통령 후보도 그의
마음에 들지 않았지만 여성이나 아프리카계가 후보로

나선 것만 해도 향상으로 볼 수 있다는 것이다. 게다가 50년 전에는 자신이 근무하는 MIT 복도에 정복을 입고 예의 바르게 행동하는 보수적인 백인 남성만 있었지만, 요즘에는 여성이 절반이고 3분의 1이 소수 집단 출신이며 그들은 편한 차림으로 격식 없이 행동한다고 한다. 그동안 그런 변화를 막으려는 시도가 있었지만, 순종과 복종의 시대로 되돌릴 수는 없었다는 것이다.

촘스키에 의하면 전반적으로 윤리 의식에 대한 인식이 확대되었고 윤리에 대한 이해의 폭과 깊이도 한결 넓고 깊어졌다. 소수 집단과 여성, 미래 세대의 권리와 환경보호를 위한 운동도 과거에 비해 보호받고 있고, 그 앞날은 우리의 선택에 달려 있다. 겸허하게 역사를 보고 교훈을 얻어 현실적으로 가능한 행동을 선택해야 하지, 역사가 어떤 법칙으로 움직인다든가, 이제는 과거로 돌아가는 것이 역사의 법칙이라느니 하는 거창하고 허황된 선언은 무의미하다.

동서양의 역사관이 어떻게 다르다느니, 신의 섭리라느니 아니라느니, 어느 쪽이 옳고 그르다느니, 하나는 물질주의적이고 하나는 정신주의적이라느니 등의 이야기도 많이 들었지만, 이제는 현재에 최대한 충실하면서 최소한의 개선이라도 열심히 해보는 것에 만족할 수밖에 없다는 생각이 든다.

그리고 무엇보다도, 어떤 이유에서든 허무주의에 빠져서는 안 된다. 촘스키는 희망을 갖자고 주장한다. 희망을 포기하고 체념해 소극적으로 처신하면 최악의 결과를 자초하기 때문이라는 게 이유다. 촘스키는 희망을 잃지 않고 그것을 실현하기 위해 노력하면 상황은 개선될 수 있다고 말한다.

개량주의라고 욕해도 좋다. 촘스키가 말하듯이 개량주의가 고통 받는 사람들의 상황을 걱정하고 그 상황을 개선하기 위해 노력하는 것을 뜻한다면 그런 고민을 함께 나눌 수 있는 사람은 모두 개량주의자다. 그들은 일터에서 안전 수준을 개선하고 모두에게 영양과 보건을 제공하기 위해 싸우는 사람이다. 그를 비난하는 것은 누군가를 최소한의 품위를 갖춘 사람이라고 욕하는 것과 같다.

개량주의는 궁극적으로 체제 내에 머무는 것이므로 근본적인 변화일 수 없다고 보는 비판이 있다. 가령 노예제도가 폐지된 뒤에도 법과 관습, 상황은 그대로 유지되었다. 그렇다고 해서 노예제도의 폐지가 역사적으로 대단히 중요한 성과였다는 점을 부정할 수는 없다. 게다가 역사상 어떤 변화라고 해도 과거와 완전히 단절된 새로운 것은 없었다. 그것을 혁명이라고 말해도 과거와 완벽하게 단절된 것은 아니었다. 어떤 혁명도 과거의 잔재 때문에 항상 시행착오를 거듭해야 했다. 과거의 사람들을 폭력에 의해 완전히 추방하는 혁명이라도 그러했다.

우리는 어떤 목표를 향해 매진할 때 비폭력의 설득과 합의를 통해 평화적으로 성취해야 한다. 미친 사람이 아니라면, 최소한의 도덕적 양식을 지닌 사람이라면 당연히 그러해야 한다. 비폭력적 평화의 수단은 정상적인 인간이라면 당연히 취해야 할 수단인 것이지 인간의 능력을 넘어선 성스러운 행위가 아니다. 폭력은 폭력을 낳을 뿐, 어떤 개선도 이룩하지 못한다는 것을 우리는 역사에서 배워왔다. 한걸음에 유토피아를 이룩할 수는 없다. 그렇다고 해서 유토피아 자체를 부정해서는 안 된다. 촘스키가 말하듯이 인류 역사에서 인권과 자유는 꾸준히 확대되어왔고 고통과 억압은 꾸준히 감소되어왔다.

인권과 자유에서도 절대주의는 있을 수 없다. 가령 표현의 자유에도 제한이 있을 수 있다. 촘스키는 1969년에 미국연방대법원이 KKK단 사건에 대해 '급박한 위험이 없다'는 이유로 유죄판결을 뒤집은 것을 지지했다. 당시 대법원은 당연히 KKK단의 주장을 혐오했지만, 그들에게 '극단적이고 파괴적인 생각'을 자유롭게 표현할 권리가 있음을 인정했다. 표현의 자유에 대한 촘스키의 태도는 볼테르Voltaire, 1694~1778가 "나는 당신이 말하는 것에 동의하지 않는다. 그러나 당신이 당신의 의견을 말할 수 있는 권리를 위해서는 목숨을 걸고 싸울 것이다"라고 한 것과 조금도 다르지 않다.

마찬가지로 어떤 폭력도 정당하지 않다고 말할 수는 없다. 촘스키가 말하듯이 절대적인 평화주의란 윤리적으로 있을 수 없다. 인간사처럼 복잡한 문제는 선험적으로 말하기 힘들고 추상적인 공식에 대입할 수도 없다. 세상은 규칙에 따라 움직이지 않는다. 아니 인간사에 공식이나 규칙 같은 것은 있을 수 없다. 물론 폭력은 최후의 수단이어야 한다. 그러나 그 최후라는 것이 언제인지, 그 수단은 어떤 것인지도 우리는 정확하게 말할 수 없다. 다시 강조한다. 그렇다고 해서 우리가 유토피아를 포기해서는 안 된다. 사회 변화에는 언제나 실험이 필요하고 열린 정신이 필요하다.

촘스키는 지성의 비관주의와 의지의 낙관주의를 결합할 필요성에 대해 말한 적이 있다. 이 말은 흔히 이탈리아의 마르크스주의자인 그람시의 말로 알려져 있지만 프랑스의 소설가인 로맹 롤랑Romain Rolland, 1866~1944도 그런 말을 한 적이 있다. 그러나 촘스키는 의지의 낙관주의는 받아들이되 지성의 비관주의는 받아들이지 않는다. 도리어 지성의 불가지주의라고 말하는 것이 그의 태도인지 모른다. 인간 세상에 지적으로 확실한 것은 아무것도 없다고 본 것이다. 예외가 있다면 수학 정도라고 할 수 있을까?

우리는 과학도, 적어도 인문과학과 달리 자연과학은 확실하다고 하지만 촘스키에 의하면 그렇지도 않다. 따라서 그는 인간은 한없이 겸허할 수밖에 없다고 말한다. 우리는 인간의 본성에 대해 정확하게 모른다. 낙관주의이든 비관주의이든 개인적인 성향과 심리 상태를 반영할 뿐, 어떤 확고한 지식이나 인식에 근거한 것이 아니다.

요컨대 어떤 궁극적인 치료법은 없다. 예방책이라고 할까, 최소한의 대비책이라고 할까, 하는 정도의 상식밖에 없다. 우리를 뒤얽히게 하고 있는 끝없는 기만의 숲을 직시하는 것 정도가 전부다. 사회가 자유로울수록 사상의 통제와 교의의 주입 체계는 그만큼 더 정교해진다. 그것이 동의의 제조, 즉 여론 조작이다. 인민에 대한 통제력을 갖기 위해 인민의 동의를 얻은 것처럼 가장하는 것이다. 영리하고 계급의식이 투철하며 지배력을 확신하는 통치 엘리트들이 그것을 더욱 확실하게 만들어간다. 따라서 그들의 실체를 분명히 보고 그들이 만드는 기만의 숲을 파헤쳐 나아가야 한다. 촘스키가 『흐름을 바꾸기Turning the Tide』(1986) 마지막에서 한 말을 보자.

"우리가 직면한 문제들을 극복하게 해주는 마법의 해답이나 기적의 방법도 없고, 오로지 우리에게 친숙한 다음이 있을 뿐이다. 즉, 이해를 위한 정직한 탐구, 교육·조직·가해자에 대한 국가 폭력의 비용을 높이거나 제도 변화의 기초를 다지는 행동, 포기의 유혹과 수많은 실패와 오직 제한적인 성공에도 더 밝은 미래에 대한 희망으로 고무되어 지속될 수 있는 종류의 확고한 책임감이 그것이다."(395쪽)

모든 것은 독자들이나 나 같은 사람이 어떤 선택을 하느냐에 달려 있다.

촘스키의 글은 미국 언론에서는 거의 볼 수 없다. 한국
에서 흔히 권위지로 알려져 있는『뉴욕타임스』나『워
싱턴포스트』도 그의 글을 싣지 않는다. 거의 유일한 예
외로 주간 서평지인『뉴욕타임스 리뷰 오브 북스』가
있지만, 그곳에도 1967년부터 1973년까지만 그의 글
이 실렸을 뿐이다. 당시 이 신문에는 미국의 좌파 학자
들의 글이 실렸다. 출판사도 마찬가지이지만 역시 예
외가 있다. 판테온Pantheon 출판사다. 유럽에서는 폰
타나Fontana 출판사가 촘스키를 유럽에 알리는 데 기
여했다.

촘스키의 중요한 저술 목록은 다음과 같다(따라
서 완전한 목록이 아니다). 언어학 저술과 정치적 저술
을 나누어 기록했다. 먼저 영어 원서의 제목과 출판 연
도를 적고 이어 한국어 번역이 있는 것은 그 책 이름과
출판 연도를 적었다. 원서 제목의 번역과 한국에서 나
온 책 이름이 다른 경우도 있다. 출판사가 어디인지 알
고 싶으면 인터넷을 찾아보기 바란다.

언어학 저술

『통사 구조(Syntactic Structures)』(1957)-『변형생성문법의 이론』(1966).

『언어 이론의 최근 경향(Current issues in linguistic theory)』(1964).

『통사 이론의 양상(Aspects of the Theory of Syntax)』(1965)-『생성문법
론』(1975).

『데카르트 언어학: 합리주의 사상사의 1장(Cartesian Linguistics: A
Chapter in the History of Rationalist Thought)』(1966).

『Topics in the Theory of Generative Grammar』(1966).

『언어와 마음(Language and Mind)』(1968).

『영어의 음성 체계(The Sound Pattern of English)』(1968, 모리스 할레
와 공저)-『영어의 음성 체계』(1993).

『Studies in Semantics in Generative Grammar』(1972).

『Conditions on Transformations』(1973).

『언어 이론의 논리적 구조(The Logical Structure of Linguistic Theory)』
(1975, 원고는 1955~1956년에 작성함).

『언어에 대한 고찰(Reflection on Language)』(1976).

『형태와 해석에 대한 에세이(Essays on Form and Interpretation)』
(1977).

『Morphophonemics of Modern Hebrew』(1979).

『언어와 책임(Language and Responsibility)』(1979).

『Rules and Representations』(1980).

『지배·결속 이론: 피사 강좌(Lectures on Government and Binding: The

Pisa Lectures)』(1981).

『Noam Chomsky on the Generative Enterprise: A Discussion with R. Huybregts and H. van Rimsdijk』(1982).

『최소주의 프로그램(The Minimalist Program)』(1995)-『최소주의 언어 이론』(2001).

『언어 지식: 그 자연, 기원과 사용(Knowledge of language: its nature, origin, and use)』(1986)-『언어 지식』(2000).

『New Horizons in the Study of Language and Mind』(2000).

『자연과 언어에 관하여(On Nature and Language)』(2001)-『촘스키 자연 과 언어에 관하여』(2003).

『장벽 이후의 생성문법(The Generative Grammar after Barriers)』 (1993).

『언어와 지식의 문제(Language and Problems know of ledge)』(1994).

정치적 저술

『지성인의 책임(The Responsibility of Intellectuals)』(1967)-『지식인의 책무』(2005).

『미국의 권력과 새로운 관료들(American Power and the New Mandarins』(1969).

『미래의 정부(Government in the Future)』(1970, 2005)-『촘스키, 미래의 정부를 말하다』(2006).

『지식과 자유의 문제: 러셀 강연(Problems of Knowledge and Freedom: The Russell Lectures)』(1972)-『세계를 해석하는 것에 대하여 세계를 변화시키는 것에 대하여』(2003)-『촘스키, 러셀을 말하다』(2011).

『국가 이성을 위하여(For Reasons of State)』(1973).

『신냉전을 향하여(Towards a New Cold』(1982).

『숙명의 트라이앵글: 미국, 이스라엘, 팔레스타인(The Fateful Triangle: The United States, Israel, and the Palestinians)』(1983, 1999)-『숙명의 트라이앵글』(2001).

『해적과 제왕: 국제 테러리즘과 진짜 세계(Pirates and Emperors: International Terrorism and the Real World)』(1986)-『해적과 제왕』(2004).

『소련 대 사회주의(The Soviet Union Versus Socialism)』(1986).

『권력과 이데올로기: 마나과 강연(On Power and Ideology: The Managua Lectures)』(1987).

『여론 조작: 메스미디어의 정치경제학(Manufacturing Consent: The Political Economy of the Mass Media)』(1988)-『여론 조작』(2006).

『테러리즘의 문화(The Culture of Terrorism)』(1988)-『테러리즘의 문화』(2002).

『필연적 환상: 민주사회의 사상 통제(Necessary Illusions: Thought Control on Democratic Societies)』(1989)-『환상을 만드는 언론』(2004).

『Deterring Democracy』(1992).

『501년: 정복의 세기들(Year 501: The Conquest Continues)』(1993)-
『507년, 정복은 계속된다』(2000).

『The Prosperous Few and the Restless Many』(1993, 2003)-『촘스키,
세상의 권력을 말하다』(2004).

『미국이 진정으로 원하는 것(What Uncle Sam Really Wants』(1992)-『미
국이 진정으로 원하는 것』(1996).

『권력과 전망(Powers and Prospects)』(1996).

『미디어 통제: 선전의 거대한 성취(Media Control: The Spectacular
Achievements of Propaganda)』(1997, 2002)-『노암 촘스키의 미
디어 컨트롤』(2003).

『냉전과 대학(The Cold War and the University)』(1997, 하워드 진 등 공
저)-『냉전과 대학』(2001).

『민중을 압도하는 이익: 신자유주의와 세계 질서(Profit over People:
Neoliberalism and Global Order)』(1999)-『그들에게 국민은 없다』
(1999).

『세계의 지배자들?(Masters of the Universe?: Nato's Balkan
Crusade)』(2000, 에드워드 사이드 등 공저)-『전쟁이 끝난 후』(2000,
원저의 일부 편역).

『불량 국가: 세계 사태의 힘의 룰(Rogue States: The Rule of Force in
World Affairs)』(2000)-『불량 국가』(2001).

『새로운 세대의 선언(New Generation Draws the Line: Kosovo, East
Timor, and the "Responsibility to Protect" Today)』(2011).

『촘스키의 교육 실패론(Chomsky on Mis-Education)』(2000)-『실패한 교육과 거짓말』(2001).

『9-11(Noam Chomsky 9-11)』(2001)-『촘스키, 9-11』(2001).

『촘스키의 민주주의와 교육론(Chomsky on Democracy and Education)』(2002)-『촘스키, 사상의 향연』(2007).

『패권인가 생존인가: 세계 지배에 대한 미국의 의문(Hegemony or Survival: America's Quest for Global Dominance』(2003)-『패권인가 생존인가』(2004).

『객관성과 진보 학문(Objectivity and Liberal Scholarship)』(2003).

『권력과 테러: 9/11 이후의 대담과 인터뷰(Power and Terror: Post-9/11 Talks and Interviews)』(2003)-『권력과 테러』(2003).

『중동 환상: 중동에 평화? 정의와 민족성에 대한 고찰(Middle East Illusions: Including Peace in the Middle East? Reflections on Justice and Nationhood』(2003)-『중동의 평화에 중동은 없다』(2005).

『미래의 정부(Government in the Future)』(2005)-『촘스키, 미래의 정부를 말하다』(2006).

『촘스키의 아나키즘(Chomsky on Anarchism)』(2005)-『촘스키의 아나키즘』(2007).

『제국적 야망: 9/11 이후의 세계에 대한 대화(Imperial Ambitions: Conversations on the Post-9/11 World)』(2005)-『촘스키, 우리의 미래를 말하다』(2006).

『실패한 국가: 권력 남용과 민주주의에 대한 공격(Failed States: The Abuse of Power and the Assault on Democracy)』(2006)-『촘스키, 실패한 국가, 미국을 말하다』(2006).

『Perilous Power: The Middle East and US Foreign Policy: Dialogues on Terror, Democracy, War, and Justice』(2006)-『촘스키와 아슈카르, 중동을 이야기하다』(2009).

『희망과 전망(Hopes and Prospects)』(2007)-『촘스키, 희망을 묻다 전망에 답하다』(2011).

『촘스키 선집(The Essential Chomsky)』(2008)-『촘스키 지(知)의 향연』(2013).

『권력에 맞선 이성(Raison contre Pouvoir)』(2009)-『권력에 맞선 이성』(2012).

『점령(Occupy)』(2012) -『촘스키, 점령하라 시위를 말하다』(2002).

『아메리칸 드림을 위한 레퀴엠(Requiem for the American Dream)』(2017)-『불평등의 이유』(2018).

『Iraq under siege』(2003, 공저)-『미국의 이라크 전쟁』(2002).

『Penser le XXI siècle par le monde diplomatique 2000 par le monde diplomatique』『프리바토피아를 넘어서』(2001).

『전쟁과 평화』(2001, 공저)

『Turning the Tide: U.S. Intervention in Central America and the Struggle for Peace』(1985).

인터뷰

『노엄 촘스키와의 대담(한국과 국제정세)』(2006).

『Deux heures de lucidité: entretiens avec Noam Chomsky』(2001)-『촘스키 누가 무엇으로 세상을 지배하는가』(2002).

『The Prosperous Few and the Restless Many』(1994)-『촘스키, 세상의 권력을 말하다 2』(2004).

『The Common Good』(1998)-『촘스키, 세상의 권력을 말하다 1』(2004).

『권력의 이해: 불가피한 촘스키(Understang Power: The Indispensable Chomsky)』(2002)-『촘스키, 세상의 물음에 답하다1~3』(2005).

『What We Say Goes: Conversations on US Power in a Changing World』(2007)-『촘스키, 변화의 길목에서 미국을 말하다』(2009).

『G8에 대항하는 주장(Arguments against G8)』(2005)-『야만의 주식회사 G8을 말하다』(2006).

『폭탄보다 시끄럽게: 진보와의 대담(Louder than bombs: the progressive interview)』(2004)-『시대의 양심 20인 세상의 진실을 말하다』(2006).

『Interventions』(2007) -『촘스키, 우리가 모르는 미국 그리고 세계』(2008).

『Global Discontents: Conversations on the Rising Threats to Democracy』(2017)-『세계는 들끓는다』(2019).

놈 촘스키

ⓒ 박홍규, 2019

초판 1쇄 2019년 12월 4일 찍음
초판 1쇄 2019년 12월 10일 펴냄

지은이 | 박홍규
펴낸이 | 강준우
기획·편집 | 박상문, 김소현, 박효주, 김환표
디자인 | 최진영, 홍성권
마케팅 | 이태준
관리 | 최수향
인쇄·제본 | ㈜삼신문화

펴낸곳 | 인물과사상사
출판등록 | 제17-204호 1998년 3월 11일

주소 | 04037 서울시 마포구 양화로7길 4(서교동) 2층
전화 | 02-325-6364
팩스 | 02-474-1413

www.inmul.co.kr | insa@inmul.co.kr

ISBN 978-89-5906-550-9 03300

값 10,000원

이 도서의 국립중앙도서관 출판예정도서목록(CIP)은 서지정보유통지원시스템 홈페이지
(http://seoji.nl.go.kr)와 국가자료공동목록시스템(http://www.nl.go.kr/kolisnet)에서
이용하실 수 있습니다.